中国語
表現とことん
トレーニング

紅粉芳惠／史彤春

白水社

イラスト　カトウタカシ
装丁・本文レイアウト　重原 隆

まえがき

　中国語テキストの多くは、1冊勉強すれば基本文法がわかるようにデザインされています。しかし、ふつう各課には複数の文法項目があり、紙幅の関係から個々の文法項目を定着させるだけの練習問題を盛り込むことはできません。
　そこで、習ってはいるものの理解があいまいで十分に使いこなすことができない文法項目を、数をこなすことで身につけようというのが本書のねらいです。

　まずは左ページの「浮き輪」マークで文法項目のポイントを確認し、解説と例文での"热身 rèshēn"（ウォーミングアップ）から始めましょう。
　右ページの練習問題は簡単なものから難しいものへと数パターン作成してありますので、問題を解き進めることによって、着実に理解を深めていきましょう。

　例文、練習問題ともに「覚えて使えるセンテンス」を用意していますので、自分の表現ボックスにどんどんストックしていってください。文法は片方の車輪、もう片方の車輪である語彙も平行して増やし、学習の到達度を測る「めやす」である中国語検定試験や HSK などの試験にどんどんチャレンジしていきましょう。

　本書の作成にあたって、恩師である関西大学の日下恒夫名誉教授、関西外国語大学の白根理恵先生のお二人から数々の貴重なアドバイスを頂戴しました。ここに心からの感謝の意を表します。

2013 年夏　　　著者

この本の使いかた

　各課は2ページ構成です。まず、左ページの解説で、中国語の海を泳ぐためのコツを覚えます。覚えたコツを使って、右ページの練習問題で実際に泳ぐトレーニングをしましょう。

トレーニングの難易度を3段階のマークで表示
浮く　泳ぐ　遠泳
少しずつ、着実に、泳ぎかたを身につけます

この課では
こんな表現が身につきます

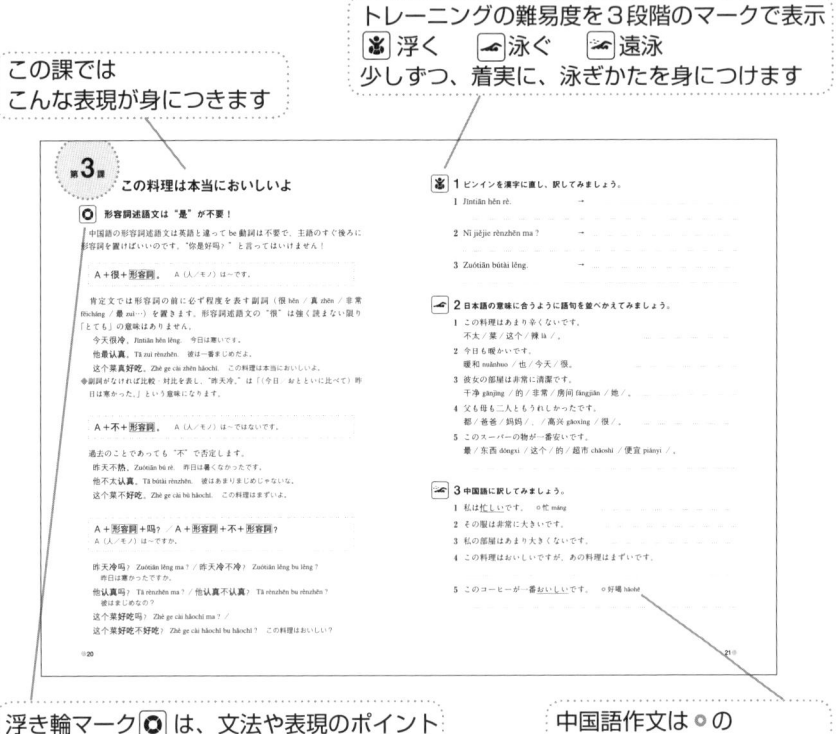

浮き輪マーク ◯ は、文法や表現のポイント
泳ぎきるための重要なアイテムです

中国語作文は ○ の
ヒントを手がかりに挑戦！

わからない単語に出合ったとき　→p.163の「単語リスト」へ

文法項目別にトレーニングしたいとき　→p.162の「文法項目索引」へ

泳ぎかたがわかれば、あとはあなたの自由自在！

中国語表現とことんトレーニング  目次

まえがき ●3
この本の使いかた ●4

第0課　発音のおさらい ●8
第1課　あなたは日本人なの？ ●14
第2課　ぼくはギョウザを食べるよ ●16
　　　モノの数えかた① ●18
　　　気持ちの伝わるあいさつ ●19
第3課　この料理は本当においしいよ ●20
第4課　明日、天気はあまり良くないよ ●22
第5課　彼は留学生？ ●24
第6課　あなた、どれが欲しいの？ ●26
第7課　とても中華料理が好きなんです ●28
　　　いろいろな形容詞のペア ●30
　　　場所を表すことば ●31
第8課　今、時間ある？ ●32
第9課　ここには誰かいる？ ●34
第10課　お父さんは家にいらっしゃいますか ●36
第11課　君の会社は駅から近いの？ ●38
第12課　ぼくは彼女と結婚するんだ ●40
第13課　私はコーラを飲むけど、あなたは？ ●42
　　　時間を表すことば ●44
第14課　明日は何月何日？ ●46
第15課　私の家に遊びに来てよ！ ●48
第16課　中国に留学に行きたいです ●50

第17課	中国語の雑誌を2冊借りました	●52
第18課	いつ携帯電話を買ったの？	●54
第19課	李先生が私たちに中国語を教えてくださいます	●56
第20課	ちょっと待って！	●58
第21課	中国語とフランス語を話せます	●60
第22課	この映画を見たことがあります	●62

  大活躍の"吧"　●64

  モノの数えかた②　●65

第23課	毎日1時間半ゲームをします	●66
第24課	ディズニーランドに2回行ったことがあるよ	●68
第25課	姉に彼氏ができたんだ	●70
第26課	私は中国に行きません	●72
第27課	今日はちっとも食欲がないのよね…	●74
第28課	もうすぐテストだ	●76
第29課	ちょっと散歩に行きませんか	●78

  相手を誘う表現　●80

  頼みごとをするときの表現　●81

第30課	黄さんは今、何をしているの？	●82
第31課	弟はコンピュータゲームで遊んでいます	●84
第32課	前から自転車が来ました	●86
第33課	走るのはあまり速くないんだよね	●88
第34課	今日は眠くてたまりません	●90
第35課	彼女は私より背が高いです	●92
第36課	彼女は私ほど背が高くありません	●94
第37課	ちょっと頭痛がします	●96

  買い物するときの表現　●98

第38課	彼の小説は中国語に翻訳されました	100
第39課	もうお腹いっぱいになりました	102
第40課	私たちは知り合ったばかりです	104
第41課	私がカメラを持って行きます	106
第42課	傘を電車に忘れてしまいました	108
第43課	言うは易く、行うは難し	110
第44課	この本、読んでわかりますか	112
第45課	こんな高い服は買えません！	114

 レストランでの表現　116

 病院での表現　117

第46課	料理をテーブルに並べてください	118
第47課	私は手紙の内容を知りません	120
第48課	交通ルールを守らなければいけません	122
第49課	午後はきっと図書館にいるでしょう	124
第50課	話をしないで！	126
第51課	あなたに夕食をごちそうします	128
第52課	両親は私を留学に行かせてくれません	130
第53課	先生に叱られました	132

 ホテルでの表現　134

第54課	中国人と同じくらい中国語が上手です	136
第55課	体調が悪いので、仕事に行きたくありません	138
第56課	家に着くとすぐ雨になりました	140
第57課	食べたいものを食べてね	142

 中国人の家庭を訪問する　144

練習問題解答例　146
文法項目索引　162
単語リスト　163

発音のおさらい

中国語の音節は400強あります。万単位の漢字の発音が、この400に収まっているので、まずはこれらが読めて、聞いて書けるようにしましょう。発音は"拼音 pīnyīn"（中国式表音ローマ字）で表し、ほとんどはローマ字読みで大丈夫です。

"普通话 pǔtōnghuà"（標準語）には、声調（せいちょう）という音の上がり下がりが4種類あります。第1声は'ˉ'、第2声は'ˊ'、第3声は'ˇ'、第4声は'ˋ'という声調符号を、口を一番大きく開ける主母音の上につけます。

単母音

まずは単母音から見てみましょう。

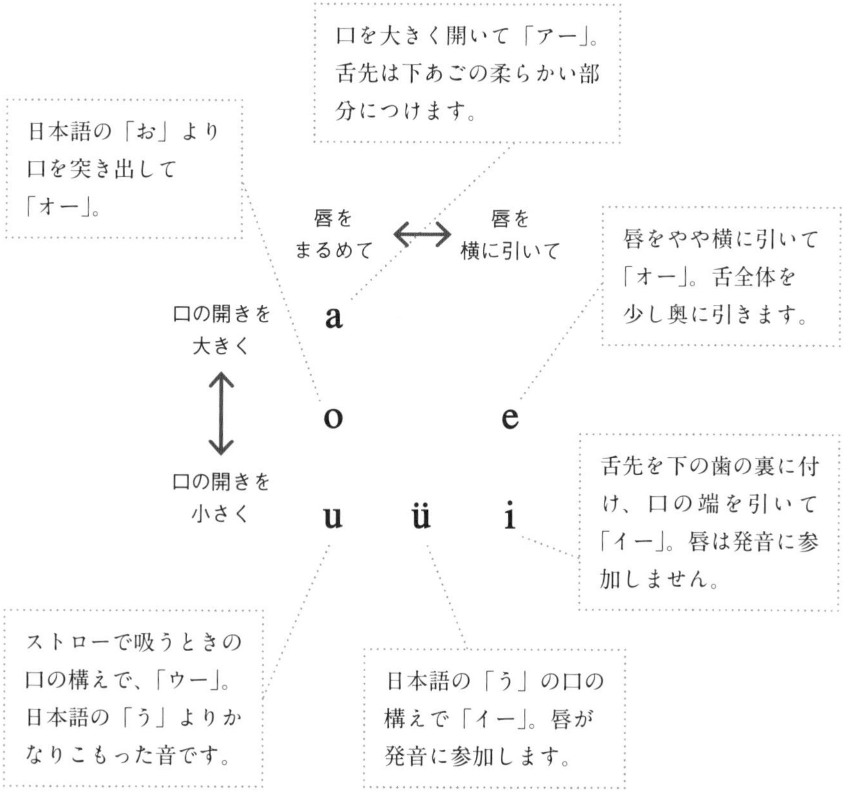

口を大きく開いて「アー」。舌先は下あごの柔らかい部分につけます。

日本語の「お」より口を突き出して「オー」。

唇をやや横に引いて「オー」。舌全体を少し奥に引きます。

唇をまるめて ↔ 唇を横に引いて

口の開きを大きく ↕ 口の開きを小さく

a
o　　e
u　ü　i

舌先を下の歯の裏に付け、口の端を引いて「イー」。唇は発音に参加しません。

ストローで吸うときの口の構えで、「ウー」。日本語の「う」よりかなりこもった音です。

日本語の「う」の口の構えで「イー」。唇が発音に参加します。

声調

それでは、6つの単母音に声調をつけて発音してみましょう。
声調の4つの音の高さは下の図のようなイメージです。

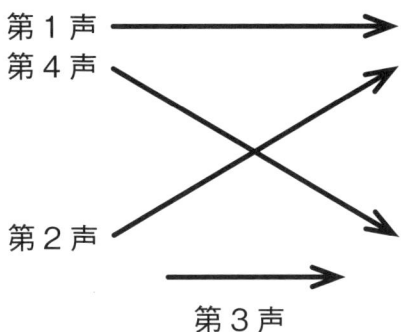

第1声：高く平らに伸ばす
第2声：到達点が一番高くなるよう急激に上げる
第3声：低く低く抑える
第4声：急激にストンと落とす

◆i, u, ü で始まる単母音は前に子音がつかないときは yi, wu, yu と綴ります。

もう一つ "er" という単母音があります。これは "e" を発音すると同時に舌をそり上げます。この母音には子音はつきません。

ēr　　ér　　ěr　　èr

複母音

　次は複母音です。二重母音には前を強くはっきり発音する＞型、後を強くはっきり発音する＜型があり、三重母音は、真ん中の音で一番口を大きく開ける◇型になります。どれもなめらかに続けて発音します。

＞型	ai ［アイ］	ei ［エイ］	ao ［アオ］	ou ［オウ］	
＜型	ia（ya） ［イア］	ie（ye） ［イエ］	ua（wa） ［ウア］	uo（wo） ［ウオ］	üe（yue） ［ユエ］
◇型	iao（yao） ［イアオ］	iou（you） ［イオウ］	uai（wai） ［ウアイ］	uei（wei） ［ウエイ］	

◆　（　）内は前に子音がつかず、母音だけで音節になるときの綴りかたです。iou と uei は、子音と結びつくと口の開きが一番大きい o と e の音が弱まり、綴りから o と e が消えて -iu、-ui となります。

子音

次は子音です。中国語の子音は全部で21個あります。

子音は無気音と有気音の区別が非常に重要です。無気音と有気音は「b－p」「d－t」「g－k」「j－q」「zh－ch」「z－c」の6ペアあり、音色は同じですが、無気音は息を殺して、喉を緊張させながら発音します。有気音は溜めた息を一気に破裂させて発音します。

　　無気音：閉鎖→開放→コエ
　　有気音：閉鎖→開放→イキ→コエ

	無気音	有気音	鼻音	摩擦音	側面音
①両唇音	b (o)	p (o)	m (o)		
②唇歯音				f (o)	
③舌端音	d (e)	t (e)	n (e)		l (e)
④舌根音	g (e)	k (e)		h (e)	
⑤舌面音	j (i)	q (i)		x (i)	
⑥そり舌音	zh (i)	ch (i)		sh (i)　r (i)	
⑦舌歯音	z (i)	c (i)		s (i)	

（　）内の発音の要領を参考にして、上記の21個の子音を発音してみましょう。

①両唇音（上下の唇を閉じる）　　　　　　　　　　b / p / m
②唇歯音（上の歯で下唇を軽く押さえる）　　　　　f
③舌端音（舌先を上の歯の裏にしっかりとつける）　d / t / n / l
④舌根音（舌全体を奥に引く）　　　　　　　　　　g / k / h
⑤舌面音（舌先を上下どちらかの歯の裏につける）　j / q / x
⑥そり舌音（舌先を上の歯茎と上あごの硬い部分との境目の辺りまでそり上げる）
　　　　　　　　　　　　　　　　　　　　　　　　zh / ch / sh / r
⑦舌歯音（舌先を下の歯の裏につける）　　　　　　z / c / s

鼻母音

最後は鼻母音です。鼻母音には、-n と -ng の2種類があります。

-n は舌先を上の歯の裏にしっかりつけて、口からイキが出ないよう鼻のほうに抜いて「ン」。上下の唇を閉じると m の音になるので、気をつけましょう。

-ng は舌の奥のほうを上あごの柔らかい部分につけて、口へのイキの流れを止め、鼻に抜いて「ん」。英語の long や song のように「ング」と発音しないようにしましょう。

	an 短く、はっきりと［アン］	en 短く、はっきりと［エン］	ang 口を大きく開けて［アん］	eng 口を横に引いて［オん］	ong 口を突き出して［オん］
i	ian (yan) ［イエン］	in (yin) ［イン］	iang (yang) ［イアん］	ing (ying) ［イん］	iong (yong) ［イオん］
u	uan (wan) ［ウアン］	uen (wen) ［ウエン］	uang (wang) ［ウアん］	ueng (weng) ［ウオん］	
ü	üan (yuan) ［ユアン］	ün (yun) ［ユイン］			

◆ (　) 内は前に子音がつかず、母音だけで音節になるときの綴りかたです。uen は、子音と結びつくと真ん中の e の音が弱まり、綴りから e が消えて -un となります。

軽声

四声のほかに元の声調を失い、直前の音節の後に軽く・短く付け足す音があり、これを軽声(けいせい)といいます。軽声には声調符号はつきません。

親族呼称で軽声の練習をしてみましょう。

爷爷 yéye 祖父	奶奶 nǎinai 祖母	姥爷 lǎoye 祖父	姥姥 lǎolao 祖母
爸爸 bàba 父		妈妈 māma 母	
哥哥 gēge 兄	姐姐 jiějie 姉	弟弟 dìdi 弟	妹妹 mèimei 妹

練習しましょう

発音のおさらいの最後として、下表の単語のピンインが読めて、声調を間違えずに発音できるかをチェックしてみましょう。

	第一声	第二声	第三声	第四声	軽声
第一声	kāfēi 咖啡 コーヒー	tuōxié 拖鞋 スリッパ	suānnǎi 酸奶 ヨーグルト	jīngjù 京剧 京劇	chuānghu 窗户 窓
第二声	yáshuā 牙刷 歯ブラシ	zúqiú 足球 サッカー	píjiǔ 啤酒 ビール	míngpiàn 名片 名刺	péngyou 朋友 友達
第三声	shǒujī 手机 携帯電話	dǎoyóu 导游 ガイド	shǒubiǎo 手表 腕時計	chǒngwù 宠物 ペット	yǎnjing 眼睛 目
第四声	xiàngjī 相机 カメラ	rìchéng 日程 日程	diànnǎo 电脑 パソコン	hùzhào 护照 パスポート	yàoshi 钥匙 鍵

第1課 あなたは日本人なの？

🛟 A＝Bは"A 是 B"、A≠Bは"A 不是 B"で

> A＋是＋B。　　AはBです。

我是日本人。Wǒ shì Rìběnrén.　　私は日本人です。
她们都是我同学。Tāmen dōu shì wǒ tóngxué.
　　彼女たちはみんな私のクラスメートよ。
这是汉语词典。Zhè shì Hànyǔ cídiǎn.　これは中国語の辞書だよ。
他是我男朋友。Tā shì wǒ nánpéngyou.　　彼は私のボーイフレンドです。

> A＋不是＋B。　　AはBではありません。

我不是中国人。Wǒ bú shì Zhōngguórén.　　私は中国人ではありません。
她们不是我同学。Tāmen bú shì wǒ tóngxué.
　　彼女たちは私のクラスメートではないわ。
这也不是英语词典。Zhè yě bú shì Yīngyǔ cídiǎn.　これも英語の辞書じゃないよ。
他不是我哥哥。Tā bú shì wǒ gēge.　　彼は私の兄ではありません。

> A＋是＋B 吗？／A＋是不是＋B？　　AはBですか。
> A＋是＋什么？　　Aは何ですか。
> A＋是＋谁？　　Aは誰ですか。

你是日本人吗？　　Nǐ shì Rìběnrén ma？　　あなたは日本人なの？
她们是不是你同学？　　Tāmen shì bu shì nǐ tóngxué？
　　彼女たちはあなたのクラスメートなの？
那是什么？　Nà shì shénme？　それは何？
她是谁？　Tā shì shéi？　彼女は誰なの？

◆中国語は英語と違って主語が単数でも複数でも"是"でOKです。
◆名詞を修飾するときには"我的手机"のように修飾語と名詞の間に"的"を入れます。ただし、[人称代名詞＋親族名称／人間関係を表す語／所属先]や"汉语词典""中国老师"のように、前後の結びつきが強いものには"的"は不要です。

1 ピンインを漢字に直し、訳してみましょう。

1 Wǒ shì Zhōngguórén. →

2 Zhè shì shénme? →

3 Nà shì tā de Hànyǔ cídiǎn. →

4 Nǐ shì bu shì Rìběnrén? →

2 日本語の意味に合うように語句を並べかえてみましょう。

1 あなたは医者ですか。
  是 / 你 / 吗 / 医生 yīshēng / ?

2 彼は運転手ですか。
  是 / 司机 sījī / 他 / 不是 / ?

3 これは私の携帯電話ではありません。
  手机 shǒujī / 这 / 我的 / 不是 / 。

4 彼女は私の姉です。
  我姐姐 jiějie / 是 / 她 / 。

5 私も先生ではありません。
  不 / 我 / 是 / 老师 lǎoshī / 也 / 。

3 中国語に訳してみましょう。

1 それは英語の辞書です。

2 彼は誰ですか。

3 あなたは先生ですか。

4 私たちはみんなクラスメートです。

5 彼は私のボーイフレンドではありません。

第2課 ぼくはギョウザを食べるよ

🛟 中国語は、「私→食べる→ギョウザ」の順番です

> A＋動詞。／A＋動詞＋B。
> Aは〜します。／AはBをします。

他们来。Tāmen lái. 彼らは来ます。
她也去大学。Tā yě qù dàxué. 彼女も大学に行くよ。
我们学习汉语。Wǒmen xuéxí Hànyǔ. 私たちは中国語を勉強します。
我吃饺子。Wǒ chī jiǎozi. ぼくはギョウザを食べるよ。

> A＋不＋動詞。／A＋不＋動詞＋B。
> Aは〜しません。／AはBをしません。

他们不来。Tāmen bù lái. 彼らは来ません。
她不去大学。Tā bú qù dàxué. 彼女は大学に行かないよ。
他们都不学习外语。Tāmen dōu bù xuéxí wàiyǔ.
　彼らはみんな外国語を勉強しません。
她不喝咖啡。Tā bù hē kāfēi. 彼女はコーヒーを飲まないよ。

> A＋動詞＋吗？／A＋動詞＋不＋動詞？　　Aは〜しますか。
> A＋動詞＋B＋吗？／
> A＋動詞＋不＋動詞＋B？　　　　　　　AはBをしますか。
> A＋動詞＋什么？　Aは何をしますか。

他们来吗？Tāmen lái ma？／他们来不来？Tāmen lái bu lái？ 彼らは来るの？
她去大学吗？Tā qù dàxué ma？／她去不去大学？Tā qù bu qù dàxué？
　彼女は大学に行くの？
你们学习汉语吗？Nǐmen xuéxí Hànyǔ ma？ あなたたちは中国語を勉強する？
你吃什么？Nǐ chī shénme？ あなた、何を食べる？

1 ピンインを漢字に直し、日本語に訳してみましょう。

1. Nǐmen dōu lái ma ? →
2. Wǒmen xuéxí Hànyǔ. →
3. Tā bú qù Zhōngguó. →
4. Nǐ xuéxí shénme ? →

2 日本語の意味に合うように語句を並べかえてみましょう。

1. あなたは雑誌を買いますか。
   杂志 zázhì ／ 买 mǎi ／ 你 ／ 吗 ／ ?
2. 私はコーヒーを飲みます。
   喝 ／ 咖啡 ／ 我 ／ 。
3. あなたたちは何を食べますか。
   什么 ／ 你们 ／ 吃 ／ ?
4. 私たちも肉を食べません。
   不 ／ 我们 ／ 肉 ròu ／ 吃 ／ 也 ／ 。
5. 彼女は日本映画を見ません。
   日本 ／ 她 ／ 不 ／ 电影 diànyǐng ／ 看 kàn ／ 。

3 中国語に訳してみましょう。

1. 私は中国映画を見ます。
2. 彼らは日本に来ますか。
3. 彼女はテレビを見ません。　　●电视 diànshì
4. 私たちは外国語を勉強します。
5. あなたは携帯電話を買いますか。

モノの数えかた①

モノは［数詞＋量詞＋名詞］の順で数えます

名詞を数えるときは、量詞をつけます。量詞と名詞の組み合せは決まっているので、一つひとつ覚えていきましょう。

数詞＋量詞＋名詞
　　一个人 yí ge rén（1人の人）　　　两杯咖啡 liǎng bēi kāfēi（2杯のコーヒー）

指示代名詞＋数詞＋量詞＋名詞
　　那把伞 nà bǎ sǎn（あの傘）　　　这三本书 zhè sān běn shū（この3冊の本）

量詞	数えるモノ	組み合わせる名詞
个 ge	人のほか特定の量詞がないもの（～個、～つ）	点心 diǎnxin（お菓子） 问题 wèntí（問題・質問）
把 bǎ	手に持って使う道具	椅子 yǐzi（椅子）　刀 dāo（ナイフ） 钥匙 yàoshi（鍵）
杯 bēi	カップに入っているもの	茶 chá（お茶）　水 shuǐ（水） 牛奶 niúnǎi（牛乳）
本 běn	書籍	词典 cídiǎn（辞書）　杂志 zázhì（雑誌） 画报 huàbào（グラビア）
家 jiā	店・会社	商店 shāngdiàn（商店）　公司 gōngsī（会社） 饭馆儿 fànguǎnr（レストラン）
件 jiàn	服・荷物・事柄	衣服 yīfu（服）　事情 shìqing（事）
口 kǒu	家族の人数	四口人 sì kǒu rén（4人家族）
辆 liàng	タイヤ・車輪のある乗り物	汽车 qìchē（車）　自行车 zìxíngchē（自転車）
瓶 píng	瓶に入っているもの	啤酒 píjiǔ（ビール）　可乐 kělè（コーラ）
双 shuāng	左右で対になっているもの	筷子 kuàizi（箸）　鞋 xié（くつ）
条 tiáo	細長いもの	路 lù（道）　河 hé（川）　鱼 yú（魚） 裤子 kùzi（ズボン）　裙子 qúnzi（スカート）
张 zhāng	大小関係なく平面のもの	纸 zhǐ（紙）　票 piào（切符） 床 chuáng（ベッド）　桌子 zhuōzi（テーブル）

気持ちの伝わるあいさつ

　中国では、家族・友人・近所の人などにあいさつをするときは、"你好 Nǐ hǎo""您好 Nín hǎo""晚上好 Wǎnshang hǎo"はほとんど使いません。親しい間柄では"李阿姨 Lǐ āyí""张叔叔 Zhāng shūshu""王奶奶 Wáng nǎinai""李老师 Lǐ lǎoshī"と呼びかけるだけで十分に気持ちを伝えることができるのです。

　では、時間、場所によるあいさつの違いを見てみましょう。

朝、子供が近所のおばあさんに会ったら
　王奶奶早！ Wáng nǎinai zǎo！　王おばあさん、おはようございます。
　—— 早，上学去啊？ Zǎo, shàngxué qù a？　おはよう、学校に行くの？

生徒が先生に会ったら
　李老师好！ Lǐ lǎoshī hǎo！　李先生、こんにちは。
　—— 同学们好！ Tóngxuémen hǎo！　皆さん、こんにちは。

食事の前後に会ったら
　吃了吗？ Chī le ma？　食事は済んだの？
　—— 还没呢，您呢？ Hái méi ne, nín ne？　まだです、あなたは？

仕事から帰ってきたところに会ったら
　下班了？ Xiàbān le？　仕事が終わったの？

家に帰ってきたら
　我回来了。Wǒ huílai le.　帰ってきたよ。（→ただいま）
　—— 回来了。Huílai le.　お帰り。

久しぶりに会ったら
　好久没见了！最近怎么样？ Hǎojiǔ méi jiàn le！Zuìjìn zěnmeyàng？
　　お久しぶりですね！ 最近はどうしているの？
　—— 还可以。Hái kěyǐ.　ぼちぼちです。

ひとあし先に帰るとき
　我先走了。Wǒ xiān zǒu le.　お先に失礼します。

第3課 この料理は本当においしいよ

形容詞述語文は"是"が不要！

中国語の形容詞述語文は英語と違って be 動詞は不要で、主語のすぐ後ろに形容詞を置けばいいのです。"你是好吗？"と言ってはいけません！

> A ＋很＋ 形容詞 。　A（人／モノ）は～です。

肯定文では形容詞の前に必ず程度を表す副詞（很 hěn／真 zhēn／非常 fēicháng／最 zuì…）を置きます。形容詞述語文の"很"は強く読まない限り「とても」の意味はありません。

今天很冷。Jīntiān hěn lěng.　今日は寒いです。
他最认真。Tā zuì rènzhēn.　彼は一番まじめだよ。
这个菜真好吃。Zhège cài zhēn hǎochī.　この料理は本当においしいよ。

◆副詞がなければ比較・対比を表し、"昨天冷。"は「（今日／おとといに比べて）昨日のほうが寒かった。」という意味になります。

> A ＋不＋ 形容詞 。　A（人／モノ）は～ではないです。

過去のことであっても"不"で否定します。

昨天不热。Zuótiān bú rè.　昨日は暑くなかったです。
他不太认真。Tā bútài rènzhēn.　彼はあまりまじめじゃないな。
这个菜不好吃。Zhège cài bù hǎochī.　この料理はまずいよ。

> A ＋ 形容詞 ＋吗？／A ＋ 形容詞 ＋不＋ 形容詞 ？
> A（人／モノ）は～ですか。

昨天冷吗？Zuótiān lěng ma？／昨天冷不冷？Zuótiān lěng bu lěng？
　昨日は寒かったですか。
他认真吗？Tā rènzhēn ma？／他认真不认真？Tā rènzhēn bu rènzhēn？
　彼はまじめなの？
这个菜好吃吗？Zhège cài hǎochī ma？／
这个菜好吃不好吃？Zhège cài hǎochī bu hǎochī？　この料理はおいしい？

1 ピンインを漢字に直し、訳してみましょう。

1 Jīntiān hěn rè.　　→

2 Nǐ jiějie rènzhēn ma？　　→

3 Zuótiān bútài lěng.　　→

2 日本語の意味に合うように語句を並べかえてみましょう。

1 この料理はあまり辛くないです。
不太 / 菜 / 这个 / 辣 là / 。

2 今日も暖かいです。
暖和 nuǎnhuo / 也 / 今天 / 很 / 。

3 彼女の部屋は非常に清潔です。
干净 gānjìng / 的 / 非常 / 房间 fángjiān / 她 / 。

4 父も母も二人ともうれしかったです。
都 / 爸爸 / 妈妈 / 、 / 高兴 gāoxìng / 很 / 。

5 このスーパーの品物が一番安いです。
最 / 东西 dōngxi / 这个 / 的 / 超市 chāoshì / 便宜 piányi / 。

3 中国語に訳してみましょう。

1 私は忙しいです。　　○忙 máng

2 その服は非常に大きいです。　　○衣服 yīfu

3 私の部屋はあまり大きくありません。

4 この料理はおいしいですが、あの料理はまずいです。

5 この種類のコーヒーが一番おいしいです。　　○种 zhǒng　○好喝 hǎohē

第4課 明日、天気はあまり良くないよ

主語＋形容詞述語文＝主述述語文

主述述語文は、述語の部分が主語と述語からできています。
これは、第3課で学んだ形容詞述語文の前にもう一つ主語がついたものと考えると分かりやすいでしょう。
日本語の「うさぎは耳が／長い。」と同じ文型です。

明天	天气 怎么样？
	（主語）（述語）
主語	述語

明天天气／怎么样？ Míngtiān tiānqì zěnmeyàng？ 明日、天気はどう？

―― 明天天气／非常好。Míngtiān tiānqì fēicháng hǎo.
　　明日、天気はとってもいいよ。

―― 明天天气／不太好。Míngtiān tiānqì bútài hǎo.
　　明日、天気はあまり良くないよ。

你的衣服颜色很漂亮。Nǐ de yīfu yánsè hěn piàoliang.
　あなたの服、色がきれいですね。

那件衣服价钱有点儿贵。Nà jiàn yīfu jiàqián yǒudiǎnr guì.
　その服は値段がちょっと高いよ。

我哥哥个子很高。Wǒ gēge gèzi hěn gāo.
　私の兄は背が高いです。

她身体怎么样？ Tā shēntǐ zěnmeyàng？ 彼女、体調はどうなの？

―― 她身体不太好。Tā shēntǐ bútài hǎo. 彼女、体調があまり良くないのよ。

我嗓子有点儿疼。Wǒ sǎngzi yǒudiǎnr téng.
　私はのどがちょっと痛いです。

我工作不太忙。Wǒ gōngzuò bútài máng.
　私は仕事があまり忙しくありません。

1 ピンインを漢字に直し、訳してみましょう。

1 Nǐ xuéxí máng ma ? →

2 Zhè běn cídiǎn jiàqián guì ma ? →

3 Wǒ bàba gōngzuò hěn máng. →

4 Wǒ Hànyǔ bútài hǎo. →

2 日本語の意味に合うように語句を並べかえてみましょう。

1 あのスカートは色がどうですか。
   怎么样 / 那 / 颜色 / 条 tiáo / 裙子 qúnzi / ?

2 この料理は味がとてもよいです。
   非常 / 味道 wèidao / 菜 / 好 / 这个 / 。

3 中国語は発音が難しいですか。
   难 nán / 发音 fāyīn / 汉语 / 不难 / ?

4 あなたは顔色があまり良くないです。
   不太 / 你 / 好 / 脸色 liǎnsè / 。

5 私の祖母は（体が）非常に元気です。
   身体 / 我 / 好 / 奶奶 nǎinai / 非常 / 。

3 中国語に訳してみましょう。

1 このコートは値段が少し高いです。　　○大衣 dàyī

2 北京は夏があまり暑くないです。　　○北京 Běijīng　○夏天 xiàtiān

3 私はおなかが痛いです。　　○肚子 dùzi

4 彼女のボーイフレンドは背が高いですか。

第5課 彼は留学生？

中国語にはさまざまなタイプの疑問文があります。ここではまず「はい」「いいえ」で答えられる疑問文について、2つのタイプを確認しましょう。

"吗"疑問文：

平叙文の文末に"吗？"

他是留学生吗？　Tā shì liúxuéshēng ma？
　彼は留学生？

这些书都是你的吗？　Zhèxiē shū dōu shì nǐ de ma？
　これらの本は全部あなたのですか。

你也去学校吗？　Nǐ yě qù xuéxiào ma？
　あなたも学校に行くの？

明天凉快吗？　Míngtiān liángkuai ma？
　明日は涼しいですか。

反復疑問文：

動詞（助動詞）、形容詞を肯定形＋否定形の順に並べます。"吗"疑問文との大きな違いは、反復疑問文は"也 yě（～も）""都 dōu（みな、全て）"などの副詞を使うことができない点です。文末に"吗"をつけてはいけません。

她是不是日本人？　Tā shì bu shì Rìběnrén？
　彼女は日本人ですか。

你明年去不去美国？　Nǐ míngnián qù bu qù Měiguó？
　あなた、来年アメリカに行くの？

汉语难不难？　Hànyǔ nán bu nán？
　中国語は難しい？

天气好不好？　Tiānqì hǎo bu hǎo？
　天気はいい？

◆中国語では、年・月・日・曜日・時刻など、時間の流れを表すことばは動詞の前に置きます。

1 ピンインを漢字に直し、訳してみましょう。

1 Nǐmen shì liúxuéshēng ma ?　→

2 Nǐmen dōu shì lǎoshī ma ?　→

3 Nǐ dìdi míngtiān qù bu qù ?　→

4 Tā de shǒujī guì bu guì ?　→

2 日本語の意味に合うように語句を並べかえてみましょう。

1 あなたは中国語の雑誌を買いますか。
　买／你／杂志／汉语／吗／？

2 あなたは勉強が忙しいですか。
　忙／不／你／学习／忙／？

3 あなたたちはみんなお酒を飲みますか。
　都／你们／吗／喝酒 jiǔ／？

4 英語は文法が難しいですか。
　语法 yǔfǎ／不／难／难／英语／？

5 今日あなたは出勤しますか。
　你／上班 shàngbān／今天／吗／？

3 中国語に訳してみましょう。"吗"疑問文しか作れないものが2題あります。該当する問題番号には○をつけてください。

1 ギョウザはおいしいですか。

2 あなたも日本人ですか。

3 彼らはみんな中国語を勉強しますか。

4 彼女は学生ですか。　　○学生 xuésheng

5 あなたはコーラを飲みますか。　　○可乐 kělè

第6課 あなた、どれが欲しいの？

疑問詞疑問文は尋ねたい位置に疑問詞を

第5課に続いて、疑問詞を使った疑問文を確認しましょう。

誰	他是**谁**？ Tā shì shéi？ 彼は誰？ —— 他是**我哥哥**。Tā shì wǒ gēge. 私の兄です。
何	你吃**什么**？ Nǐ chī shénme？ あなた、何食べる？ —— 我吃**炒饭**。Wǒ chī chǎofàn. チャーハンを食べるよ。
いつ	你**什么时候**去中国？ Nǐ shénme shíhou qù Zhōngguó？ 　あなたはいつ中国に行くの？ —— 我**暑假**去。Wǒ shǔjià qù. 夏休みに行きます。 你**几点**起床？ Nǐ jǐ diǎn qǐchuáng？ あなた、何時に起きるの？ —— 我**七点**起床。Wǒ qī diǎn qǐchuáng. 7時に起きるよ。
どこ	你去**哪儿**？ Nǐ qù nǎr？ あなた、どこに行くの？ —— 我去**图书馆**。Wǒ qù túshūguǎn. 図書館に行くんだ。
どれ	你要**哪个**？ Nǐ yào nǎge？ あなた、どれが欲しいの？ —— 我要**这个**。Wǒ yào zhège. これが欲しい。
なぜ	你**为什么**不吃？ Nǐ wèi shénme bù chī？ なぜ食べないの？ —— **因为**我肚子疼。Yīnwèi wǒ dùzi téng. お腹が痛いんだ。
どの ように	这个字**怎么**写？ Zhège zì zěnme xiě？ 　この字はどのように書きますか。 —— **这么**写。Zhème xiě. こう書きます。

疑問詞"怎么"には「どのように」と方法を尋ねる場合と「なぜ、どうして」と原因・理由を尋ねる場合があります。

【方法】は"怎么"＋動詞
　到车站**怎么**走？ Dào chēzhàn zěnme zǒu？ 駅までどうやって行きますか。

【原因・理由】は"怎么"＋他の成分＋動詞
　你**怎么**还不回家？ Nǐ zěnme hái bù huíjiā？ どうしてまだ家に帰らないの？

1 ピンインを漢字に直し、日本語に訳してみましょう。

1　Tā zěnme bù lái ?　→

2　Shéi shì nǐmen Hànyǔ lǎoshī ?　→

3　Nǐ míngtiān jǐ diǎn qǐchuáng ?　→

4　Tā shénme shíhou qù Měiguó ?　→

5　Nǐ mǎi nǎge ?　→

2 下線部を問う疑問詞疑問文を作ってみましょう。

1　我要<u>那个</u>。　←

2　他姐姐去<u>北京</u>。　←

3　我喝<u>可乐</u>。　←

4　我明天<u>九点</u>上班。　←

5　<u>佐藤</u>是日本人。　○佐藤 Zuǒténg　←

3 中国語に訳してみましょう。

1　あなたは何を買いますか。

2　あなたは何時に家に帰りますか。

3　この字はどのように読みますか。　○念 niàn

4　あなたはなぜ食べないのですか。

5　あなたはどうやって来ますか。

第7課 とても中華料理が好きなんです

 副詞は形容詞や動詞の前をうろうろ

程度を表す副詞には以下のようなものがあります。副詞は形容詞や動詞の前が指定席です。

很 hěn「とても」

形容詞述語文の場合は強く読まない限り「とても」の意味はありません。

这个菜**很**难吃。Zhège cài hěn nánchī. この料理はまずいですね。

我**很**喜欢吃中国菜。Wǒ hěn xǐhuan chī Zhōngguócài.
　私はとても中華料理（を食べるの）が好きなんです。
　※"喜欢"という動詞は"我喜欢你。"（私はあなたが好きです）というほかに、["喜欢"＋動詞＋目的語] の語順で「～するのが好き」という文を作ることができます。

真 zhēn「本当に、実に、まったく」

这个孩子**真**可爱。Zhège háizi zhēn kě'ài. この子は本当に可愛いね。

非常 fēicháng「非常に」

这几天**非常**暖和。Zhè jǐ tiān fēicháng nuǎnhuo.
　この数日はとっても暖かいですね。

最 zuì「最も、一番」

他是我们班**最**努力的学生。Tā shì wǒmen bān zuì nǔlì de xuésheng.
　彼は私たちのクラスで一番努力している学生なんです。

太 tài「たいへん、ひどく」

"太…了"＝あまりに～だ（良いこと、悪いことどちらにも使えます。）
"不太…"＝あまり～でない（部分否定）

这个问题**太**难了。Zhège wèntí tài nán le. この問題は難しすぎるよ。

她**不太**喜欢说话。Tā bútài xǐhuan shuōhuà.
　彼女はあまりおしゃべりが好きじゃないのよ。

比较 bǐjiào「比較的に、わりあいに」

今年夏天**比较**凉快。Jīnnián xiàtiān bǐjiào liángkuai.
　今年の夏はわりと涼しい／涼しかったよね。

1 ピンインを漢字に直し、訳してみましょう。

1 Zhège wèntí hěn nán. →

2 Wǒ jīntiān bǐjiào máng. →

3 Wǒ zuì xǐhuan kàn diànyǐng. →

4 Jīnnián xiàtiān fēicháng rè. →

2 日本語の意味に合うように語句を並べかえてみましょう。

1 スーパーの品物は比較的安いです。
便宜／比较／的／超市／东西／。

2 この歌は本当にすばらしいです。
首 shǒu／真／好听 hǎotīng／歌 gē／这／。

3 私は非常にアメリカ映画を見るのが好きです。
我／看／喜欢／非常／美国电影／。

4 姉の携帯電話が一番きれいです。
的／姐姐／最／手机／漂亮／。

5 私の中国語はあまり上手ではありません。
好／我／不太／的／汉语／。

3 中国語に訳してみましょう。

1 彼は背が一番高いです。

2 この服は長すぎます。　　长 cháng

3 宿題は比較的多いです。　　作业 zuòyè　　多 duō

4 彼女の目は非常に大きいです。　　眼睛 yǎnjing

いろいろな形容詞のペア

形容詞はペアで覚える

以下の形容詞は初級段階での必須のものですから、しっかり覚えましょう。

長い	长 cháng ⇔ 短 duǎn		短い
大きい	大 dà ⇔ 小 xiǎo		小さい
正しい	对 duì ⇔ 错 cuò		間違っている
多い	多 duō ⇔ 少 shǎo		少ない
高い	高 gāo ⇔ 低 dī		（建物・山などが）低い
	⇔ 矮 ǎi		背が低い
値段が高い	贵 guì ⇔ 便宜 piányi		値段が安い
良い	好 hǎo ⇔ 坏 huài		悪い
（速度が）速い	快 kuài ⇔ 慢 màn		（速度が）遅い
（幅が）広い	宽 kuān ⇔ 窄 zhǎi		（幅が）狭い
老いている	老 lǎo ⇔ 少 shào		年少である
太っている	胖 pàng ⇔ 瘦 shòu		痩せている
熱い・暑い	热 rè ⇔ 冷 lěng		寒い・冷たい
新しい	新 xīn ⇔ 旧 jiù		古い
遠い	远 yuǎn ⇔ 近 jìn		近い
（時刻・時期が）早い	早 zǎo ⇔ 晚 wǎn		（時刻・時期が）遅い
重い	重 zhòng ⇔ 轻 qīng		軽い
簡単である	简单 jiǎndān ⇔ 复杂 fùzá		複雑である
暖かい	暖和 nuǎnhuo ⇔ 凉快 liángkuai		涼しい
容易である	容易 róngyì ⇔ 难 nán		難しい

場所を表すことば

指示代名詞

ここ・そこ	そこ・あそこ	どこ
这儿 zhèr 这里 zhèli	那儿 nàr 那里 nàli	哪儿 nǎr 哪里 nǎli

方位詞

	上 shàng	下 xià	前 qián	后 hòu	左 zuǒ	右 yòu	里 lǐ	外 wài
～边 bian	上边 うえ	下边 した	前边 まえ	后边 うしろ	左边 ひだり	右边 みぎ	里边 うち／内側	外边 そと／外側
～面 miàn	上面 上／上側	下面 下／下側	前面 前側	后面 後ろ側	左面 左側	右面 右側	里面 うち／内側	外面 そと／外側

	东 dōng	南 nán	西 xī	北 běi	
～边 bian	东边 東	南边 南	西边 西	北边 北	旁边 pángpiān そば、となり
～面 miàn	东面 東側	南面 南側	西面 西側	北面 北側	对面 duìmiàn 正面、向かい

一般名詞を場所を表すことばに変身させるには"～上""～里"をつけます。
　桌子上 zhuōzishang　机の上　　　冰箱里 bīngxiāngli　冷蔵庫の中

元々場所を表さない名詞には"～这儿／这里""～那儿／那里"をつけることによって、場所を表すことばに変身させます。
　我这儿 wǒ zhèr　私のところ　　她那儿 tā nàr　彼女のところ
　老师那儿 lǎoshī nàr　先生のところ

第8課　今、時間ある？

🛟 人が主語であれば、"有"は所有を表します

> |人|＋有＋|人・モノ|。　　誰々には|人・モノ|がいます／あります。

我**有**两个妹妹。Wǒ yǒu liǎng ge mèimei.　妹が２人います。
我**有**女朋友。Wǒ yǒu nǚpéngyou.　ガールフレンドはいるよ。
他**有**车。Tā yǒu chē.　彼は車を持っているよ。
我现在**有**时间。Wǒ xiànzài yǒu shíjiān.　今、時間あるよ。

> |人|＋没有＋|人・モノ|。　　誰々には|人・モノ|がいません／ありません。

◆ "有"はほかの動詞と違い"没 méi"で否定します。

我**没有**兄弟姐妹。Wǒ méi yǒu xiōngdì jiěmèi.　兄弟はいないんだ。
我还**没有**女朋友。Wǒ hái méi yǒu nǚpéngyou.　まだガールフレンドはいないよ。
他**没有**车。Tā méi yǒu chē.　彼は車を持ってないよ。
不好意思，我现在**没有**时间。Bù hǎoyìsi, wǒ xiànzài méi yǒu shíjiān.
　ごめん、今、時間ないんだ。

> |人|＋有＋|人・モノ|＋吗？
> |人|＋有没有＋|人・モノ|？　　誰々には|人・モノ|がいますか／ありますか。

你**有**兄弟姐妹吗？ Nǐ yǒu xiōngdì jiěmèi ma？　兄弟はいますか。
你**有**女朋友吗？ Nǐ yǒu nǚpéngyou ma？　ガールフレンドはいる？
他**有**车吗？ Tā yǒu chē ma？　彼は車を持っていますか。
你现在**有没有**时间？ Nǐ xiànzài yǒu mei yǒu shíjiān？　今、時間ある？

1 ピンインを漢字に直し、訳してみましょう。

1 Nǐ yǒu chē ma ?　→

2 Wǒ méi yǒu Hànyǔ zázhì.　→

3 Nǐ yǒu mei yǒu Zhōngguó péngyou ?　→

4 Tā yǒu liǎng ge jiějie.　→

2 日本語の意味に合うように語句を並べかえてみましょう。

1 あなたは明日、時間がありますか。
有／时间／明天／你／吗／？

2 あなたは今日、中国語の授業がありますか。
有／你／今天／汉语课 kè／有／没／？

3 私には中国人の友達が１人います。
有／我／朋友／一个／中国／。

4 あなたは電子辞書を持っていますか。
词典／有／你／吗／电子 diànzǐ／？

5 彼はデジタルカメラを持っていません。
数码 shùmǎ／没／相机 xiàngjī／他／有／。

3 中国語に訳してみましょう。

1 李先生には息子が１人います。　○儿子 érzi

2 私の姉はまだボーイフレンドがいません。

3 彼女は英語の本を持っていますか。

4 私の兄は車を持っていません。

5 あなたたちはみんなパソコンを持っていますか。　○电脑 diànnǎo

第9課 ここには誰かいる？

🛟 場所が主語であれば、"有"は存在を表します

> 場所 ＋ 有 ＋ 人・モノ 。　　その場所には 人・モノ がいます／あります。

教室里**有**很多学生。Jiàoshìli yǒu hěn duō xuésheng.　教室には学生がたくさんいます。
这儿**有**人。Zhèr yǒu rén.　ここには誰かいますよ。
车站旁边**有**一家咖啡馆。Chēzhàn pángbiān yǒu yì jiā kāfēiguǎn.
　駅のそばには喫茶店が1軒あるよ。
银行对面**有**一个商场。Yínháng duìmiàn yǒu yí ge shāngchǎng.
　銀行の正面にはマーケットがあるよ。

> 場所 ＋ 没有 ＋ 人・モノ 。　　その場所には 人・モノ がいません／ありません。

教室里**没有**学生。Jiàoshìli méi yǒu xuésheng.　教室には学生はいません。
这儿**没有**人。Zhèr méi yǒu rén.　ここには誰もいないよ。
车站旁边**没有**电影院。Chēzhàn pángbiān méi yǒu diànyǐngyuàn.
　駅のそばには映画館はないけど。
银行对面**没有**饭店。Yínháng duìmiàn méi yǒu fàndiàn.
　銀行の正面にはホテルはないよ。

> 場所 ＋ 有 ＋ 人・モノ ＋吗？
> 場所 ＋ 有没有 ＋ 人・モノ ？　　その場所には 人・モノ がいますか／ありますか。

教室里**有**学生吗？Jiàoshìli yǒu xuésheng ma？　教室に学生はいますか。
这儿**有**人吗？Zhèr yǒu rén ma？　ここには誰かいる？
车站旁边**有没有**咖啡馆？Chēzhàn pángbiān yǒu mei yǒu kāfēiguǎn？
　駅のそばに喫茶店はある？
银行对面**有**什么？Yínháng duìmiàn yǒu shénme？　銀行の正面には何があるの？

◆ "有"の後にくる人・モノは不特定・未知のもの・新情報です。したがって"教室里有<u>王老师</u>。"や"桌子上有<u>我的</u>词典。"と言うことはできません（→第10課の所在の"在"と比較しましょう）。

1 ピンインを漢字に直し、訳してみましょう。

1 Xuéxiàoli yǒu yì jiā chāoshì. →

2 Chēzhàn duìmiàn méi yǒu yínháng. →

3 Kāfēiguǎn pángbiān yǒu mei yǒu diànyǐngyuàn？
 →

4 Jiàoshìli yǒu èrshí duō ge xuésheng. →

2 日本語の意味に合うように語句を並べかえてみましょう。

1 あなたの部屋には冷蔵庫がありますか。
 有 / 房间里 / 吗 / 冰箱 bīngxiāng / 你的 / ?

2 私の家の近くにマーケットが1軒あります。
 附近 fùjìn / 我家 / 一家 / 有 / 商场 / 。

3 駅のそばにはコンビニがありますか。
 旁边 / 车站 / 便利店 biànlìdiàn / 没有 / 有 / ?

4 机の上に1台のパソコンと2冊の辞書があります。
 有 / 桌子上 / 和 hé / 两本 / 电脑 / 一台 tái / 词典 / 。

3 中国語に訳してみましょう。

1 あなたの大学の近くには何がありますか。

2 教室には誰かいますか。

3 銀行のそばには喫茶店がありますか。

4 図書館にはたくさんの学生がいます。

5 私の家の向かい側に<u>公園</u>が1つあります。　◎ 公园 gōngyuán

第10課 お父さんは家にいらっしゃいますか

🛟 人・モノが主語であれば、"在"は所在を表します

> 人・モノ＋在＋場所。　人・モノは～にいます／あります。

我爸爸在家。Wǒ bàba zài jiā.　父は家にいますよ。
铃木在图书馆。Língmù zài túshūguǎn.　鈴木くんは図書館にいるよ。
钥匙在桌子上。Yàoshi zài zhuōzishang.　鍵はテーブルの上だよ。
超市在公园东边。Chāoshì zài gōngyuán dōngbian.
　スーパーは公園の東側にあります。

> 人・モノ＋不＋在＋場所。　人・モノは～にいません／ありません。

我爸爸不在家。Wǒ bàba bú zài jiā.　父は家にいません。
铃木不在食堂。Língmù bú zài shítáng.　鈴木くんは食堂にはいないよ。
钥匙不在我这儿。Yàoshi bú zài wǒ zhèr.　鍵は私のところにはないよ。
超市不在邮局旁边。Chāoshì bú zài yóujú pángbiān.
　スーパーは郵便局のそばにはありません。

> 人・モノ＋在＋場所＋吗？　人・モノは～にいますか／ありますか。
> 人・モノ＋在＋哪儿？　人・モノはどこにいますか／ありますか。

你爸爸在家吗？ Nǐ bàba zài jiā ma？　お父さんは家にいらっしゃいますか。
铃木在教室里吗？ Língmù zài jiàoshìli ma？　鈴木くんは教室にいる？
钥匙在哪儿？ Yàoshi zài nǎr？　鍵はどこにあるの？
超市在哪儿？ Chāoshì zài nǎr？　スーパーはどこにありますか。

◆中国語では主語の位置にくる人・モノは特定のもの・既知のもの・旧情報であるというルールがあります。上の例文の"钥匙""超市"も主語の位置にあるので、話し手と聞き手の間ではわかっているものです（→第9課の存在の"有"と比較しましょう）。

◆場所を表すことばは31ページにまとめてあります。

1 ピンインを漢字に直し、訳してみましょう。

1 Nǐ de shǒujī zài zhèr. →

2 Yóujú bú zài gōngyuán pángbiān. →

3 Túshūguǎn zài shítáng xībian. →

4 Hànyǔ cídiǎn zài nǐ nàr ma? →

2 日本語の意味に合うように語句を並べかえてみましょう。

1 張先生は教室にいらっしゃいません。
   不 / 教室里 / 张老师 / 在 / 。

2 あなたの中国語の本はかばんの中にあります。
   汉语书 / 在 / 你的 / 书包 shūbāo 里 / 。

3 銀行はスーパーの向かい側にあります。
   银行 / 超市 / 在 / 对面 / 。

4 私の家は東京にありません。
   在 / 家 / 我 / 东京 Dōngjīng / 不 / 。

5 王支配人の事務所はどこにありますか。
   哪儿 / 王经理 jīnglǐ / 办公室 bàngōngshì / 的 / 在 / ?

3 中国語に訳してみましょう。

1 駅はあそこにあります。

2 彼の英語の辞書はどこにありますか。

3 あなたの鍵は机の上にあります。

4 トイレはどこにありますか。　　●洗手间 xǐshǒujiān

5 学生たちは図書館にいて、教室にはいません。

第11課 君の会社は駅から近いの？

介詞フレーズは動詞（形容詞）の前に

介詞は後ろに場所・時間・対象・道具・基準などを表す目的語を伴って介詞フレーズを作ります。介詞フレーズは動詞（形容詞）を修飾するので、動詞（形容詞）の前が指定席になります。

主語＋|介詞フレーズ|＋|動詞（形容詞）|＋目的語

所在	在	～に〔場所〕	下星期一**在**图书馆上课。 Xià xīngqīyī zài túshūguǎn shàngkè. 　来週の月曜日は図書館で授業だよ。
起点 経由地	从	～から〔場所／時間〕	我父亲**从**明天开始戒烟。 Wǒ fùqin cóng míngtiān kāishǐ jièyān. 　お父さん明日からタバコやめるんだって。 **从**东京到大阪有五百多公里。 Cóng Dōngjīng dào Dàbǎn yǒu wǔbǎi duō gōnglǐ. 　東京から大阪まで500キロ余りあります。
2点間 の距離	A 离 B＋远／近 AはBから／まで遠い／近い A 离 B 有＋|時間| A 离 B 有＋|距離| AはBから／まで～ある		你们公司**离**车站近吗？ Nǐmen gōngsī lí chēzhàn jìn ma? 　君の会社は駅から近いの？ **离**考试还有三天。Lí kǎoshì hái yǒu sān tiān. 　試験までまだ3日あるよ。 我家**离**商场只有一百米。 Wǒ jiā lí shāngchǎng zhǐ yǒu yìbǎi mǐ. 　私の家はマーケットまでたった100mなの。
対象	给	～に〔人〕	我今天晚上**给**你打电话。 Wǒ jīntiān wǎnshang gěi nǐ dǎ diànhuà. 　今晩あなたに電話するね。 她**给**男朋友买生日礼物。 Tā gěi nánpéngyou mǎi shēngrì lǐwù. 　彼女は彼氏に誕生日プレゼントを買うんだって。
	对	～について〔人・モノ〕	小李**对**同学非常热情。 Xiǎo-Lǐ duì tóngxué fēicháng rèqíng. 　李くんはクラスメートに非常に親切なんだ。 我**对**音乐很感兴趣。Wǒ duì yīnyuè hěn gǎn xìngqù. 　私は音楽にとても興味があるの。

1 ピンインを漢字に直し、訳してみましょう。

1 Tā māma duì wǒmen fēicháng rèqíng. →

2 Wǒ gěi nǎinai mǎi yí jiàn yīfu. →

3 Lí mèimei de shēngrì hái yǒu sān tiān. →

4 Wǒ cóng qī diǎn dào jiǔ diǎn kàn diànshì. →

2 空欄を埋めるのに最も適切なものを選びましょう。

1 爸爸（　　　）二号到十号去出差。　　①离　②从　③在　④对
2 我家（　　　）机场非常远。　　　　　①离　②从　③在　④对
3 你（　　　）我有意见吗？　　　　　　①到　②给　③对　④从
4 我（　　　）你写信。　　　　　　　　①对　②给　③离　④从
5 爸爸（　　　）我们很严格。　　　　　①到　②给　③对　④从

● 出差 chūchāi　● 机场 jīchǎng　● 意见 yìjiàn　● 写信 xiě xìn　● 严格 yángé

3 中国語に訳してみましょう。

1 あなたは何に興味がありますか。

2 学校が始まるまでまだ5日あります。　　● 开学 kāixué

3 タバコを吸うのは体に良くないです。　　● 抽烟 chōu yān

4 私は月曜日から金曜日まで出勤します。　● 星期五 xīngqīwǔ

5 彼氏はあなたに誕生日プレゼントを買ってくれますか。

第12課 ぼくは彼女と結婚するんだ

しつこいですが、介詞フレーズは動詞（形容詞）の前に

介詞には、"在""给""对""跟""用"など動詞の意味が変化したり、薄れたりしたものがあります。動詞として使われているのか、介詞として使われているのかは文中の位置で判断しましょう。

相手	跟／和	〜と〔人・モノ〕	我**跟**／**和**她结婚。Wǒ gēn/hé tā jiéhūn. 　ぼくは彼女と結婚するんだ。
	跟	〜について〔人・モノ〕	大家请**跟**我来。Dàjiā qǐng gēn wǒ lái. 　皆さん、私についてきてくださいね。
方向	往	〜へ向かって 〔方位／場所〕	在第一个路口**往**东拐，一直**往**前走。 Zài dì yī ge lùkǒu wǎng dōng guǎi, yìzhí wǎng qián zǒu. 　1つめの角を東に曲がって、まっすぐ行ってください。
	向	〜へ向かって、〜に 〔方位／場所／人・モノ〕	**向**车站走 xiàng chēzhàn zǒu 　駅に向かって歩く **向**他学习 xiàng tā xuéxí　彼に学ぶ
	朝	〜に（向かって） 〔方位／場所／人・モノ〕	**朝**南开 cháo nán kāi 　南に向かって運転する **朝**她点头 cháo tā diǎntóu 　彼女に向かってうなずく
目的 対象	为	〜のために 〔抽象的なモノ／人〕	**为**我们的友谊干杯！ Wèi wǒmen de yǒuyì gānbēi ! 　我々の友情のために乾杯！
道具	用	〜で〔モノ〕	我每天**用**汉语写日记。 Wǒ měitiān yòng Hànyǔ xiě rìjì. 　私は毎日中国語で日記を書いているのよ。

1 ピンインを漢字に直し、訳してみましょう。

1 Tā gēn shéi jiéhūn？ →

2 Nǐ wǎng nǎr zǒu？ →

3 Wǒmen dōu xiàng tā xuéxí. →

4 Wǒmen yòng diànnǎo shàngkè. →

2 空欄を埋めるのに最も適切なものを選びましょう。

1 我（　　　）他们挥手。　　　　　①往　②用　③朝　④为
　私は彼らに手を振ります。　○挥手 huīshǒu

2 佐藤（　　　）英语跟外国人交谈。　①为　②跟　③用　④给
　佐藤さんは英語で外国人と話をします。　○外国人 wàiguórén　○交谈 jiāotán

3 她一直（　　　）我笑。　　　　　①朝　②在　③和　④往
　彼女はずっと私に向かって笑っています。　○笑 xiào

4 我（　　　）你道歉。　　　　　　①朝　②向　③对　④往
　私はあなたに謝ります。　○道歉 dàoqiàn

3 中国語に訳してみましょう。

1 私は友達とおしゃべりするのが好きです。　○聊天儿 liáotiānr

2 私は携帯電話でインターネットを使います。　○上网 shàngwǎng

3 妹は中田さんについて日本語を習います。　○中田 Zhōngtián　○日语 Rìyǔ

4 ここからずっとまっすぐに行ってください。

5 私たちの成功のために乾杯しましょう。　○成功 chénggōng

第13課 私はコーラを飲むけど、あなたは？

第5課・第6課に続いて、疑問文のバリエーションを見ていきましょう。

選択疑問文：

"还是 háishi"（それとも）を使って2つ以上のものから選択します。文末に"吗"をつけてはいけません。

  她是中国人还是韩国人？　Tā shì Zhōngguórén háishi Hánguórén？
　　彼女は中国人、それとも韓国人？
  你喝咖啡还是喝红茶？　Nǐ hē kāfēi háishi hē hóngchá？
　　コーヒーを飲む？　それとも紅茶？
  我去还是你来？　Wǒ qù háishi nǐ lái？
　　私が行く？　それともあなたが来る？

省略疑問文：

［名詞＋"呢 ne"？］で、「〜は？」という意味を表します。

  我喝可乐，你呢？　Wǒ hē kělè, nǐ ne？
　　私はコーラを飲むけど、あなたは？
  ── 我也喝可乐。Wǒ yě hē kělè. ぼくもコーラ（を飲みます）。

前後関係がなく、単独で現れた場合は存在場所を尋ねています。

  她呢？　Tā ne？
　　彼女は？（＝彼女はどこにいますか）
  我的钱包呢？　Wǒ de qiánbāo ne？
　　私の財布は？（＝私の財布はどこにありますか）

1 ピンインを漢字に直し、訳してみましょう。

1 Wǒ de yàoshi ne ?　→

2 Wǒ qù biànlìdiàn, nǐ ne ?　→

3 Zhāng lǎoshī ne ?　→

4 Nǐmen shì Rìběnrén háishi Hánguórén ?　→

2 日本語の意味に合うように語句を並べかえてみましょう。

1 あなたの中国語の辞書は？
词典 / 你 / 的 / 汉语 / 呢 / ?

2 あなたはテレビを見ますか、それとも音楽を聴きますか。
看 / 听 tīng / 电视 / 音乐 / 还是 / 你 / ?

3 私たちはバスに乗りますか、それとも地下鉄に乗りますか。
地铁 dìtiě / 还是 / 我们 / 公交车 gōngjiāochē / 坐 zuò / ，/ 坐 / ?

4 私の会社には中国人がいますが、あなたの会社は？
公司 / 中国人 / 我们 / ，/ 公司 / 有 / 呢 / 你们 / ?

3 中国語に訳してみましょう。

1 私の携帯電話は？

2 私はギョウザを食べますが、あなたは？

3 あなたはビールを飲みますか、それともコーラを飲みますか。

4 彼らはアメリカに行きますか、それともフランスに行きますか。　○法国 Fǎguó

時間を表すことば

時間詞：時間の流れのワンポイントを表し、動詞の前が指定席ですが、その時点を強調したければ文頭に置きます。

時刻

几点？ Jǐ diǎn？　何時？

一点零二分 yì diǎn líng èr fēn（1:02）　　两点一刻 liǎng diǎn yí kè（2:15）

三点半 sān diǎn bàn（3:30）　　四点三刻 sì diǎn sān kè（4:45）

差十分六点 chà shí fēn liù diǎn（6時10分前（5:50））

1日の時間の流れ

早上 zǎoshang（朝）→ 上午 shàngwǔ（午前）→ 中午 zhōngwǔ（昼）→ 下午 xiàwǔ（午後）→ 傍晚 bàngwǎn（夕方）→ 晚上 wǎnshang（夜）→ 夜里 yèli（夜中）

曜日・週

星期几？ Xīngqījǐ？　何曜日？

星期一 xīngqīyī（月曜日）　　星期二 xīngqī'èr（火曜日）

星期三 xīngqīsān（水曜日）　　星期四 xīngqīsì（木曜日）

星期五 xīngqīwǔ（金曜日）　　星期六 xīngqīliù（土曜日）

星期天 xīngqītiān ／ 星期日 xīngqīrì（日曜日）

上（个）星期 shàng (ge) xīngqī（先週）

这（个）星期 zhè (ge) xīngqī（今週）

下（个）星期 xià (ge) xīngqī（来週）

日にち・月

几月几号？ Jǐ yuè jǐ hào？　何月何日？

一号 yī hào（1日）　二号 èr hào（2日）……三十一号 sānshiyī hào（31日）

一月 yī yuè（1月）　二月 èr yuè（2月）……十二月 shí'èr yuè（12月）

上（个）月 shàng (ge) yuè（先月）

这（个）月 zhè (ge) yuè（今月）

下（个）月 xià (ge) yuè（来月）

日

前天 qiántiān（おととい）→ 昨天 zuótiān（昨日）→ 今天 jīntiān（今日）→ 明天 míngtiān（明日）→ 后天 hòutiān（あさって）

年

一九四九年 yī jiǔ sì jiǔ nián（1949年）　　二零一三年 èr líng yī sān nián（2013年）
前年 qiánnián（一昨年）→ 去年 qùnián（去年）→ 今年 jīnnián（今年）→ 明年 míngnián（来年）→ 后年 hòunián（再来年）

季節

春天 chūntiān（春）→ 夏天 xiàtiān（夏）→ 秋天 qiūtiān（秋）→ 冬天 dōngtiān（冬）

時量詞：時間の長さを表し、動詞の後ろが指定席です。

〜分間

几分钟？ Jǐ fēnzhōng？／多少分钟？ Duōshao fēnzhōng？　何分間？
一分钟 yì fēnzhōng（1分間）　　　两分钟 liǎng fēnzhōng（2分間）
一刻钟 yí kèzhōng（15分間）　　　三十分钟 sānshí fēnzhōng（30分間）

〜時間

几个小时？ Jǐ ge xiǎoshí？　何時間？
多长时间？ Duō cháng shíjiān？　どれくらいの時間？
半（个）小时 bàn (ge) xiǎoshí（半時間）　　　一（个）小时 yí (ge) xiǎoshí（1時間）
两个半小时 liǎng ge bàn xiǎoshí（2時間半）

〜日間

几天？ Jǐ tiān？／多少天？ Duōshao tiān？　何日間？
一天 yì tiān（1日間）　　两天 liǎng tiān（2日間）

〜週間

几个星期？ Jǐ ge xīngqī？／多少（个）星期？ Duōshao (ge) xīngqī？　何週間？
一个星期 yí ge xīngqī（1週間）　　　两个星期 liǎng ge xīngqī（2週間）

〜か月

几个月？ Jǐ ge yuè？／多少（个）月？ Duōshao (ge) yuè？　何か月？
一个月 yí ge yuè（1か月）　　　两个月 liǎng ge yuè（2か月）

〜年間

几年？ Jǐ nián？／多少年？ Duōshao nián？　何年間？
一年 yì nián（1年）　　　两年 liǎng nián（2年）

◆ "几"は主として10以下の数を問うときに使い、10以上であれば"多少"を使います。

第14課 明日は何月何日？

🛟 時間・年齢・出身地を表すときは動詞がなくてもOK

中国語の話しことばでは、名詞・名詞フレーズ・数量詞が述語になる文があり、これを名詞述語文といいます。曜日・日にち・時間・出身地・年齢・数量などを表す文に用います。否定は"不是"を使います。

今天**星期几**？ Jīntiān xīngqījǐ？　今日は何曜日ですか。
—— 今天**星期四**。Jīntiān xīngqīsì.　今日は木曜日です。

明天**几月几号**？ Míngtiān jǐ yuè jǐ hào？　明日は何月何日？
—— 明天**五月七号**。Míngtiān wǔ yuè qī hào.　明日は5月7日。

现在**几点**？ Xiànzài jǐ diǎn？　今、何時？
—— 现在**九点三刻**。Xiànzài jiǔ diǎn sān kè.　今、9時45分です。

她**北京人**吗？ Tā Běijīngrén ma？　彼女は北京出身なの？
—— 她不是**北京人**，是**天津人**。Tā bú shì Běijīngrén, shì Tiānjīnrén.
　　彼女は北京じゃなくて、天津出身よ。

["多"＋1音節の形容詞]で「どのくらい～か」を尋ねる疑問文になり、答えるときは主語の後ろにそのまま数量を言えばOKです。

你**多大**？ Nǐ duō dà？　あなたは何歳ですか。
—— 我**二十一岁**。Wǒ èrshiyī suì.　21歳です。

他**多高**？ Tā duō gāo？　彼の背はどれくらい？
—— 他**一米八三**。Tā yì mǐ bā sān.　1メートル83センチです。

她**多重**？ Tā duō zhòng？　彼女の体重はどれくらい？
—— 她**四十六公斤**。Tā sìshiliù gōngjīn.　46キロです。

値段を尋ねるときには"多少钱？ Duōshao qián？"を使います。

这个**多少钱**？ Zhège duōshao qián？　これはいくらですか。
—— 这个**三百块钱**。Zhège sānbǎi kuài qián.　これは300元です。

1 ピンインを漢字に直し、訳してみましょう。

1 Nǎinai qīshí suì, yéye qīshisān suì. →

2 Hòutiān xīngqījǐ? →

3 Zhè jiàn yīfu bāshibā kuài qián. →

4 Nà běn shū duōshao qián? →

5 Míngnián èr líng yī sì nián. →

2 下線部が答えとなるような疑問文を作りましょう。

1 现在<u>十二点半</u>。　←

2 我妹妹<u>十八岁</u>。　←

3 我爷爷<u>一米七二</u>。　←

4 今天<u>二月二十七号</u>。　←

5 这个西瓜<u>三公斤</u>。　←

○ 西瓜 xīguā

3 中国語に訳してみましょう。

1 姉は 20 歳です。

2 明日は 11 月 23 日日曜日です。

3 山田さんは東京出身ではなく、<u>京都出身</u>です。　○ 京都人 Jīngdūrén

4 兄は 170 センチで、私は 162 センチです。

5 今は 2 時 5 分前です。

○「○時×分前」は"差"を使って表します。(→ p.44)

第15課 私の家に遊びに来てよ！

🛟 動作の起こる順番に並べる連動文

```
             動詞フレーズⅠ    動詞フレーズⅡ
   主語 +  動詞＋目的語  +  動詞＋目的語
```

連動文とは、同じ人物が時間の流れに沿って2つの動作をする文を言います。

❶ 動詞フレーズⅠの動詞が"来／去"の場合

日本語は「誰々が〜しに来る／〜しに行く」と言いますが、中国語は動作の発生順に並べるので、［主語＋"来／去"＋場所＋動詞＋目的語］となります。"来／去"の後の場所は省略されることもあります。

你**来**我家**玩儿**吧！　Nǐ lái wǒ jiā wánr ba！
　　私の家に遊びに来てよ！

他**来干**什么？　Tā lái gàn shénme？　彼は何しに来るの？

—— 他来看我。Tā lái kàn wǒ. 　私に会いに来ます。

咱们一起**去**快餐店**吃**午饭吧。Zánmen yìqǐ qù kuàicāndiàn chī wǔfàn ba.
　　ファーストフード店に一緒にランチを食べに行こうよ。

暑假你**去**哪儿**旅行**？　Shǔjià nǐ qù nǎr lǚxíng？　夏休みはどこに旅行に行くの？

❷ 動詞フレーズⅠが手段・方法を表す場合

我**骑**自行车**去**打工。Wǒ qí zìxíngchē qù dǎgōng.
　　私は自転車でアルバイトに行きます。

他常常**坐**船**去**上海。Tā chángcháng zuò chuán qù Shànghǎi.
　　彼はよく船で上海に行きます。

咱们**开**车**去**买东西吧。Zánmen kāichē qù mǎi dōngxi ba.
　　車で買い物に行きましょう。

1 ピンインを漢字に直し、訳してみましょう。

1 Shǔjià lái Rìběn wánr ba. →

2 Xià ge yuè wǒ jiějie qù Běijīng lǚxíng. →

3 Nǐ shénme shíhou qù dǎgōng? →

4 Xīngqītiān yìqǐ qù kàn diànyǐng ba. →

2 日本語の意味に合うように語句を並べかえてみましょう。

1 私は土曜日に図書館に本を借りに行きます。
书 / 我 / 借 jiè / 图书馆 / 去 / 星期六 / 。

2 あなたは食堂にランチを食べに行きますか。
去 / 食堂 / 你 / 午饭 / 吗 / 吃 / ？

3 私はここからバスに乗って家に帰ります。
这儿 / 家 / 公交车 / 我 / 坐 / 从 / 回 / 。

4 来年1人のアメリカ人の友達が日本に留学に来ます。
来 / 朋友 / 日本 / 留学 liúxué / 美国 / 明年 / 一个 / 。

3 中国語に訳してみましょう。

1 あなたは図書館に何をしに行きますか。

2 あなたは何曜日にアルバイトに行きますか。

3 夜は一緒に夕食を食べに行きましょう。　◎ 晚饭 wǎnfàn

4 私は自転車に乗って買い物に行きます。　◎ 买东西 mǎi dōngxi

第16課 中国に留学に行きたいです

願望の強い順に "要" > "想" > "愿意"

「〜したい」と願望を表す助動詞には "要" "想" "愿意" の3つがあります。助動詞は動詞の前が指定席です。否定は「〜したくない」わけですから "不想" "不愿意" となります。"不要" は「〜するな」「〜してはいけない」と禁止表現になるので使えません。

また "想" と "愿意" は程度を表す副詞 "很" "非常" で修飾できますが、"要" は修飾できません。

我**要**去美国留学。Wǒ yào qù Měiguó liúxué.
　私はアメリカに留学に行きたいです。
　→すでに決定して、絶対に行く

我**想**去中国留学。Wǒ xiǎng qù Zhōngguó liúxué.
　私は中国に留学に行きたいです。
　→行く予定だが、実際に行くかどうかは未定

我非常**愿意**去英国留学。Wǒ fēicháng yuànyì qù Yīngguó liúxué.
　私は非常にイギリスに留学に行きたいです。

你**想**吃什么？ Nǐ xiǎng chī shénme? 何を食べたい？
—— 什么都行。Shénme dōu xíng. 何でもいいよ。

你**想不想**学太极拳？ Nǐ xiǎng bu xiǎng xué tàijíquán?
　太極拳を習いたいですか。
—— 我一定**要**学太极拳。Wǒ yídìng yào xué tàijíquán.
　　絶対に太極拳を習いたいです。

你**愿意**跟我一起去吗？ Nǐ yuànyì gēn wǒ yìqǐ qù ma?
　あなたは私と一緒に行きたいですか。

我**不愿意**麻烦别人。Wǒ bú yuànyì máfan biéren.
　私は他人に迷惑をかけたくありません。

1 ピンインを漢字に直し、訳してみましょう。

1 Wǒ xiǎng mǎi xiàngjī. →

2 Mèimei yào chī Zhōngguócài. →

3 Dìdi bú yuànyì xué tàijíquán. →

2 日本語の意味に合うように語句を並べてみましょう。

1 あなたはアメリカに出張に行きたいですか。
愿意 / 去 / 你 / 美国 / 吗 / 出差 / ?

2 私は今日は図書館に本を返しに行きたくないです。
不想 / 今天 / 去 / 图书馆 / 还书 huán shū / 我 / 。

3 兄は両親と一緒に住みたくないのです。
不 / 哥哥 / 愿意 / 住 zhù / 跟 / 一起 / 父母 fùmǔ / 。

4 お昼、私はコンビニにお弁当を買いに行きたいです。
要 / 中午 / 我 / 买 / 去 / 便利店 / 盒饭 héfàn / 。

3 中国語に訳してみましょう。

1 あなたは何を飲みたいですか。

2 彼も人に迷惑をかけたくはありません。

3 この夏休み、私は車の運転を習いたいです。　○ 开车 kāichē

4 母は友達と香港に旅行に行きたがっています。　○ 香港 Xiānggǎng

第17課 中国語の雑誌を2冊借りました

🛟 文中の［"動詞＋了"］は完了・実現

動詞の後ろにつく"了"は動作の完了・実現を表します。

❶「〜しました」

目的語の部分には数量を表すことばや何らかの修飾語が必要です。

他买了一件毛衣。Tā mǎile yí jiàn máoyī.
　彼はセーターを1枚買いました。

我从图书馆借了两本中文杂志。Wǒ cóng túshūguǎn jièle liǎng běn Zhōngwén zázhì.
　図書館から中国語の雑誌を2冊借りました。

我认识了两个中国朋友。Wǒ rènshile liǎng ge Zhōngguó péngyou.
　中国人2人と友達になったよ。

我们今天参观了很多名胜古迹。Wǒmen jīntiān cānguānle hěn duō míngshèng gǔjì.
　今日はたくさんの名所旧跡を見学しました。

否定は"没(有)"を使い、"了"は消えます。

昨天小宋来上课了吗？ Zuótiān Xiǎo-Sòng lái shàngkè le ma？
　昨日宋くんは授業に出た？

── 他没来上课。Tā méi lái shàngkè.　出なかったよ。

你吃午饭了吗？ Nǐ chī wǔfàn le ma？　お昼は食べた？

── 还没吃呢。Hái méi chī ne.　まだ食べてない。

❷「〜してから…します／…しました」

我吃了饭就来。Wǒ chīle fàn jiù lái.　私は食事をしたらすぐ行きます。
　※"来"は本来話し手に近づいてくる動作ですが、ここでは相手（聞き手）の立場に立って"来"を使っています。日本語訳は「行きます」が自然です。

我每天早上洗了淋浴，就上学校。Wǒ měitiān zǎoshang xǐle línyù, jiù shàng xuéxiào.
　私は毎朝シャワーを浴びてから、学校に行きます。

弟弟写了作业，就去看电影了。Dìdi xiěle zuòyè, jiù qù kàn diànyǐng le.
　弟は宿題をしてから、映画を見に行きました。

1 ピンインを漢字に直し、訳してみましょう。

1 Nǐ mǎile jǐ běn Zhōngwén zázhì？ →

2 Dìdi hēle liǎng píng kělè. →

3 Nǐ zuótiān lái shàngkè le ma？ →

4 Wǒ zuótiān méi qù xuéxiào. →

2 日本語の意味に合うように語句を並べてみましょう。

1 あなたは映画のチケットを何枚買いましたか。
几张 / 电影票 piào / 你 / 了 / 买 / ？

2 私は先週映画を見に行きませんでした。
没 / 上个星期 / 我 / 看 / 去 / 电影 / 。

3 姉はファーストフード店で2つハンバーガーを買いました。
在 / 两个 / 快餐店 / 姐姐 / 汉堡包 hànbǎobāo / 了 / 买 / 。

4 私は食事をしたら、あなたに電話をかけます。
饭 / 了 / 我 / ，/ 电话 / 吃 / 就 / 打 / 给 / 你 / 。

3 中国語に訳してみましょう。

1 父はたくさんのビールを飲みました。

2 鈴木さんは朝食を食べませんでした。　◦早饭 zǎofàn

3 あなたは何曲歌いましたか。　◦唱歌 chàng gē

4 私は食事をしたら、すぐあなたの家に行きます。

第18課 いつ携帯電話を買ったの？

🛟 終わったことは"是～的"構文で

すでに完了・実現した行為について、いつ・どこで・誰と・どうやってなどについて取り立てて質問したり、説明したりする場合にこの構文を使います。

疑問文・肯定文の場合は"是"を省略できますが、否定文は"不是～的"となり、"是"は省略できません。

主語＋是＋《いつ・どこで・誰と・どうやって》＋動詞＋目的語＋的（＋目的語）

他(是)什么时候买的手机？ Tā (shì) shénme shíhou mǎi de shǒujī?
　彼はいつ携帯電話を買ったの？
—— 他(是)上星期买的。Tā (shì) shàng xīngqī mǎi de.　先週買ったんだよ。

这把伞(是)在车站附近的商店买的。
Zhè bǎ sǎn (shì) zài chēzhàn fùjìn de shāngdiàn mǎi de.
　この傘は駅の近くのお店で買いました。

这不是我买的，是朋友给我的。Zhè bú shì wǒ mǎi de, shì péngyou gěi wǒ de.
　これは私が買ったんじゃなくて、友達がくれたの。

你是哪(一)年出生的？ Nǐ shì nǎ (yì) nián chūshēng de ?　何年生まれですか。
—— 我是1995年出生的。Wǒ shì yī jiǔ jiǔ wǔ nián chūshēng de.　1995年生まれです。

目的語は"的"の前後どちらにも置けます。

小刘是前年来日本的。Xiǎo-Liú shì qiánnián lái Rìběn de.
小刘是前年来的日本。Xiǎo-Liú shì qiánnián lái de Rìběn.
　劉くんは一昨年日本に来たのです。

1 ピンインを漢字に直し、訳してみましょう。

1 Nǐ shì shénme shíhou lái de Rìběn？　→

2 Zhè jiàn máoyī shì māma gěi wǒ mǎi de.　→

3 Wǒ bú shì yī jiǔ jiǔ sì nián chūshēng de.　→

4 Tā de Hànyǔ shì zài Shànghǎi xué de.　→

2 日本語の意味に合うように語句を並べかえてみましょう。

1 私は電車で来ました。
　是／我／电车 diànchē／坐／的／来／。

2 これは姉が買ったのではありません。
　不／这／姐姐／我／是／买／的／。

3 あなたの携帯電話はどこで買ったのですか。
　手机／你／在／的／哪儿／买／的／？

4 あなたたちはどうやって知り合ったのですか。
　怎么／你们／是／认识／的／？

5 このスカートは誰が買ってくれたのですか。
　谁／你／给／买／的／这／裙子／条／是／？

3 中国語に訳してみましょう。

1 あなたはどうやって来たのですか。

2 あなたはいつ北京に行ったのですか。

3 この本は誰が買ったのですか。

4 彼女は何年生まれですか。

5 私はクレジットカードで買ったのです。　　●信用卡 xìnyòngkǎ

第19課 李先生が私たちに中国語を教えてくださいます

2つの目的語は人→モノの順番で

```
          目的語Ⅰ    目的語Ⅱ
主語＋動詞＋人（～に）＋モノ（～を）
```

動詞のなかには2つ目的語を取れるものがあります。2つの目的語は動詞に近いほうから人→モノの順番で並べます。こういった動詞は、モノや情報のやり取りの意味を持ったものが多いです。

哪位老师**教**你们汉语？ Nǎ wèi lǎoshī jiāo nǐmen Hànyǔ?
　　どの先生が君たちに中国語を教えているの？

—— 李老师**教**我们汉语。Lǐ lǎoshī jiāo wǒmen Hànyǔ.
　　李先生が私たちに中国語を教えてくださいます。

中国朋友**给**了我一本汉语书。Zhōngguó péngyou gěile wǒ yì běn Hànyǔshū.
　　中国人の友達が中国語の本を1冊くれたの。

她没**告诉**我她的手机号是多少。Tā méi gàosu wǒ tā de shǒujīhào shì duōshao.
　　彼女はぼくに携帯電話の番号（が何番か）を教えてくれなかったよ。

我**问**了老师几个问题。Wǒ wènle lǎoshī jǐ ge wèntí.
　　私は先生にいくつか質問をしました。

我**送**你一件生日礼物。Wǒ sòng nǐ yí jiàn shēngrì lǐwù.
　　あなたに誕生日プレゼントを贈ります。

学校**通知**学生下(个)星期开始上课。
Xuéxiào tōngzhī xuésheng xià (ge) xīngqī kāishǐ shàngkè.
　　学校は学生に来週から授業が始まると通知しました。

我们**叫**他张师傅。Wǒmen jiào tā Zhāng shīfu.
　　私たちは彼のことを張師匠と呼んでいます。

1 ピンインを漢字に直し、訳してみましょう。

1 Shéi jiāo nǐmen Hànyǔ? →

2 Lǐ lǎoshī jiāo nǐmen shénme? →

3 Wǒ gěi nǐ yì zhāng diànyǐngpiào. →

4 Bàba gàosu wǒ míngtiān tā qù Měiguó. →

2 日本語の意味に合うように語句を並べてみましょう。

1 母は私に小遣いをくれません。
不／妈妈／我／给／零花钱 línghuāqián／ 。

2 私は先生に1つ質問したいと思います。
问／我／老师／问题／一个／想／ 。

3 友達は私に映画のチケットを2枚くれました。
两张／朋友／我／给／电影票／了／ 。

4 兄は私に自分がどこにいるのか教えてくれませんでした。
没／哥哥／我／告诉／在／他／哪儿／ 。

3 中国語に訳してみましょう。

1 私は友達に2つ質問をしました。

2 中国語の先生が私に辞書を1冊くださいました。

3 彼女は私に（彼女は）アメリカに行きたいのだと教えてくれました。

4 張先生が私たちに英語を教えてくださいます。

5 私は彼女に誕生日プレゼントを贈りたいです。

第20課 ちょっと待って！

「ちょっと〜する」は動詞の重ね型で

「ちょっと〜する、試しに〜してみる」という意味を表すには、動詞を2回重ねればOKです。2つめの動詞は軽声で読みます。

下の表の"一"はその動作が1回だけ行われた、または短時間行われたことを、"了"はその動作が完了したことを表します。

動詞の後ろに"一下"をつけても同じ意味を表せます。

	1音節の動詞		2音節の動詞
AA	想想 xiǎngxiang ちょっと考える	ABAB	休息休息 xiūxixiuxi ちょっと休む
A一A	想一想 xiǎngyixiang ちょっと考える	AB一AB	休息一休息
A一下	想一下 xiǎng yíxià ちょっと考える	AB一下	休息一下 xiūxi yíxià ちょっと休む
A了A	想了想 xiǎnglexiang ちょっと考えた	AB了一下	休息了一下 xiūxile yíxià ちょっと休んだ

请**等等**! Qǐng děngdeng!
　ちょっと待って！

周末我跟朋友**逛逛**街，**看看**电影什么的。
Zhōumò wǒ gēn péngyou guangguang jiē, kànkan diànyǐng shénmede.
　週末私は友達と街をぶらぶらしたり、映画を見たりなどします。

我先**收拾收拾**房间。Wǒ xiān shōushishoushi fángjiān.
　まずちょっと部屋を片付けるね。

我也再**考虑考虑**。Wǒ yě zài kǎolùkaolü.
　私ももう一度考えてみます。

她**笑了笑**，什么也没说。Tā xiàolexiao, shénme yě méi shuō.
　彼女はちょっと笑ったけど、何も言わなかった。

请给我**看看**。Qǐng gěi wǒ kànkan.
　私にちょっと見せてください。

先听**一下** CD 吧。Xiān tīng yíxià CD ba.
　先にちょっとCDを聞いてみましょう／聞いてください。

1 ピンインを漢字に直し、訳してみましょう。

1 Nǐ xiān shōushi yíxià fángjiān ba. →

2 Nǐmen zài kǎolùkaolü ba. →

3 Wǒmen xiūxi yíxià ba. →

4 Zánmen tīngting yīnyuè ba. →

2 空欄を埋めるのに最も適切なものを選びましょう。

1 来, (　　　　) 这个菜的味道怎么样。
　①尝一点　　②尝了尝　　③尝尝　　④尝一会儿

2 你先等 (　　　　), 我马上就来。　○马上 mǎshàng
　①一点儿　　②一些　　③有点儿　　④一下

3 我星期天一般洗洗衣服,(　　　　) 房间什么的。　○一般 yìbān
　①打扫一打扫　　②打扫了一下　　③打打扫　　④打扫打扫

4 我们还是去 (　　　　) 老师吧。　○还是 háishi
　①问问　　②问一点儿　　③问一会儿　　④问了问

5 我想回家跟父母 (　　　　)。
　①商量一商量　　②商量一下　　③商商量量　　④商量一点儿

3 中国語に訳してみましょう。

1 ちょっと試してみてください。　○试 shì

2 ちょっと辞書で調べましょう。　○查 chá

3 私にその雑誌をちょっと見せてください。

第21課 中国語とフランス語を話せます

3つの「できる」の使い分けが必要

「できる」という意味を表す助動詞には"会""能""可以"の3つがあります。

"会"： 語学・スポーツ・楽器の演奏・車の運転など練習や訓練によって身について「できる」。否定形は"不会"。

"能"： 能力があって「できる」、条件・状況が整っていて「できる」。否定形は"不能"。

"可以"：許可されて「できる」、条件・状況が整っていて「できる」。否定形は一言で「だめです」というときは"不行 bùxíng""不成 bùchéng"（どちらも後ろに目的語はつきません）。文にするときは"不能""不可以"を使います。"不可以"は語調がかなりきついので、注意して使いましょう。

我**会**说汉语和法语。Wǒ huì shuō Hànyǔ hé Fǎyǔ.
　私は中国語とフランス語を話せます。

你**会不会**滑冰？ Nǐ huì bu huì huábīng？　スケートできる？

他一分钟**能**吃四个热狗。Tā yì fēnzhōng néng chī sì ge règǒu.
　彼は1分間に4個のホットドッグが食べられるんだよ。

在餐厅、医院、商场等公共场所**不能**抽烟。
Zài cāntīng, yīyuàn, shāngchǎng děng gōnggòng chǎngsuǒ bù néng chōuyān.
　レストラン、病院、マーケットなど公共の場所では喫煙できません。

明天我**可以**跟你们一起去吗？ Míngtiān wǒ kěyǐ gēn nǐmen yìqǐ qù ma？
　明日あなたたちと一緒に行ってもいい？

―― 行。Xíng. ／ 可以。Kěyǐ.　いいですよ。

―― 不行。Bùxíng.　だめです。

　　你**不能**／**不可以**去。Nǐ bù néng/bù kěyǐ qù.　行ってはいけません。

我**会**开车，可是刚才喝酒了，现在**不能**开。
Wǒ huì kāichē, kěshì gāngcái hē jiǔ le, xiànzài bù néng kāi.
　運転はできるけど、さっきお酒を飲んだから今は運転できないの。

1 ピンインを漢字に直し、訳してみましょう。

1 Nǐmen dōu huì shuō Fǎyǔ ma ? →

2 Zhè jiàn yīfu wǒ kěyǐ shì yíxià ma ? →

3 Wǒ jīntiān hái bù néng qù xuéxiào. →

4 Zhèr bù néng chī dōngxi. →

2 空欄を埋める適切な助動詞を選びましょう。

1 对不起，这儿不（　　　）拍照。　　　①能　②成　③会　④得
2 我（　　　）问你一个问题吗？　　　　①要　②会　③可以　④想
3 我还不到十八岁，还不（　　　）学开车。①会　②能　③得　④行
4 我（　　　）跟你学弹吉他吗？　　　　①会　②可以　③想　④要

○ 拍照 pāizhào　　○ 弹吉他 tán jítā

3 日本語の意味に合うように語句を並べかえてみましょう。

1 妹はまだピアノを弾けません。
还／妹妹／弹／不会／钢琴 gāngqín／。

2 今は飛行機の中で携帯電話をかけることはできません。
飞机 fēijī 里／打／不能／手机／现在／。

3 あなたは標準語を話せますか。
会／你／普通话 pǔtōnghuà／不会／说／？

4 私は明日用事があるので、一緒に行けません。
有事儿 shìr／明天／我／不能／，／跟／一起／去／你／。

第22課 この映画を見たことがあります

否定しても"过"はつけたまま

「～したことがある」と過去における経験を表すには、動詞のすぐ後に"过"をつけます。この"过"は軽声で読みます。

主語 ＋ 動詞 ＋过 guo ＋ 目的語　　～したことがあります

我看过这个电影。Wǒ kànguo zhège diànyǐng.
　この映画を見たことがあります。

他曾经在北京工作过。Tā céngjīng zài Běijīng gōngzuòguo.
　彼は以前北京で働いていたんだよ。

◆肯定文では副詞"曾经 céngjīng（かつて、以前）"がつくこともあります。

主語 ＋没(有)＋ 動詞 ＋过 guo ＋ 目的語　　～したことがありません

我还没(有)去过韩国呢。Wǒ hái méi(you) qùguo Hánguó ne.
　まだ韓国に行ったことがないんだ。

她从来没(有)吃过药。Tā cónglái méi(you) chīguo yào.
　彼女はこれまで薬を飲んだことがないんです。

◆否定は"没(有)"を用い、動詞の後の"过"はつけたままです。"还 hái＋没＋ 動詞 ＋过…呢"（まだ～したことがない）、"从来 cónglái＋没＋ 動詞 ＋过…呢"（これまで～したことがない）という形もよく使われます。

主語 ＋ 動詞 ＋过 guo ＋ 目的語 ＋吗？
主語 ＋ 動詞 ＋过 guo ＋ 目的語 ＋没有？　　～したことがありますか

你听过中国歌吗？　Nǐ tīngguo Zhōngguógē ma?
　中国の歌を聞いたことある？

你见过王明没有？　Nǐ jiànguo Wáng Míng méiyou?
　王明さんに会ったことはありますか。

1 ピンインを漢字に直し、訳してみましょう。

1 Wǒ nǎinai hái méi zuòguo fēijī ne. →

2 Nǐ kànguo Zhōngguó diànyǐng méiyou？ →

3 Wǒ qùguo Měiguó hé Hánguó. →

4 Tā cónglái méi xuéguo wàiyǔ. →

2 日本語の意味に合うように語句を並べかえてみましょう。

1 あなたは北京ダックを食べたことがありますか。
吃／你／过／北京烤鸭 kǎoyā／吗／？

2 私は王先生の家で彼女に会ったことがあります。
见／王老师家／她／过／在／我／。

3 私はまだ万里の長城に登ったことがありません。
没／过／爬 pá／我／长城 Chángchéng／还／呢／。

4 私は小さい頃にバイオリンを学んだことがあります。
小时候 xiǎoshíhou／我／过／学／小提琴 xiǎotíqín／。

3 中国語に訳してみましょう。

1 あなたたちは京劇を見たことがありますか。　○京剧 jīngjù

2 彼はまだ刺身を食べたことがありません。　○生鱼片 shēngyúpiàn

3 私はかつて上海で暮らしたことがあります。　○生活 shēnghuó

4 私はこれまでお酒を飲んだことがありません。

大活躍の"吧"

文末につく"吧"には、文脈によってさまざまな働きがあります。

推量の"吧"

自分の推測に対して、「〜でしょう？」「〜だよね？」と相手に同意を求める場合に使います。副詞の"大概 dàgài（たぶん、おそらく）"、"也许 yěxǔ（もしかしたら）"があれば"吧"をつけましょう。

她是留学生吧？ Tā shì liúxuéshēng ba？ 彼女は留学生でしょう？

这是你的吧？ Zhè shì nǐ de ba？ これはあなたのだよね？

他也许不来了吧。Tā yěxǔ bù lái le ba. 彼はもしかしたら来ないかも。

提案・誘いかけの"吧"

相手に「〜しましょう」と呼びかける場合に使います。英語の Let's 〜 と同様の使いかたです。

我们走吧。Wǒmen zǒu ba. 行きましょう。
　※"走"は目的地を意識せずその場から離れる、つまり「行く」という意味です。

我们去喝杯咖啡吧。Wǒmen qù hē bēi kāfēi ba.
　コーヒーを飲みに行きましょう。
　※"去"は場所を表すことばがなくても、目的地が意識されます。

軽い命令の"吧"

相手に「〜しなさい」と命令する場合に、"吧"をつけることによって柔らかいニュアンスになります。前に"请"をつけるとより丁寧な言いかたになります。

你坐吧。Nǐ zuò ba. 座りなさい。

给我吧。Gěi wǒ ba. 私にください。

请喝茶吧。Qǐng hē chá ba. お茶を召し上がってください。

同意の"吧"

相手の言ったことに対して、同意・賛成をする場合に使います。

好吧，我听你的。Hǎo ba, wǒ tīng nǐ de.
　いいでしょう、あなたの言うことを聞きます。

就这样吧。Jiù zhèyàng ba. じゃ、そうしましょう。

モノの数えかた②

18ページに挙げたもの以外にも、モノを数える量詞がいろいろあります。少しずつ覚えていきましょう。

量詞	数えるモノ	組み合わせる名詞
对 duì	性別で対になっている人や動物	夫妻 fūqī（夫婦）　男女 nánnǚ（男女）
朵 duǒ	花・雲など	一朵花 huā（一輪の花） 一朵云 yún（一かたまりの雲）
幅 fú	絵画・布	画儿 huàr（絵）　布 bù（布）
副 fù	対、組になっているもの	眼镜 yǎnjìng（メガネ）　扑克 pūkè（トランプ）
棵 kē	草花・樹木	树 shù（木）　草 cǎo（草）
块 kuài	かたまり状のもの	石头 shítou（石）　手表 shǒubiǎo（時計） 肉 ròu（肉）　蛋糕 dàngāo（ケーキ）
片 piàn	薄っぺらいもの 範囲が広い地面・水面	叶子 yèzi（葉っぱ）　面包 miànbāo（パン） 药 yào（薬）　草原 cǎoyuán（草原）
台 tái	機械、芝居	电脑 diànnǎo（パソコン） 电视机 diànshìjī（テレビ）　戏 xì（芝居）
套 tào	セット、組になっているもの	西服 xīfú（スーツ）　家具 jiājù（家具） 邮票 yóupiào（切手）　书 shū（本）
位 wèi	敬意をこめて人を数える	客人 kèren（お客）　老师 lǎoshī（先生）
只 zhī	小動物、対になっている片方	猫 māo（猫）　鸟 niǎo（鳥）　狗 gǒu（犬） 眼睛 yǎnjing（（片方の）目）　鞋 xié（（片方の）靴）
枝 zhī	棒状のもの	铅笔 qiānbǐ（鉛筆）　烟 yān（煙草） 花 huā（花）
座 zuò	山・建物などどっしりしたもの	山 shān（山）　桥 qiáo（橋） 大楼 dàlóu（ビル）　城市 chéngshì（都市）

第23課 毎日1時間半ゲームをします

🛟 時間の長さは動詞の後ろに

「時間を表すことば（p.44）」で学んだように、中国語では、時間の流れのワンポイントを表す時間詞は動詞の前に、時間の長さを表す時量詞は動詞の後ろが指定席です。

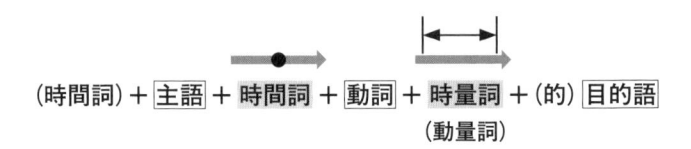

(時間詞) + 主語 + 時間詞 + 動詞 + 時量詞 +(的) 目的語
　　　　　　　　　　　　　　　　　(動量詞)

（星期一）+ 我们 + 星期一 + 学习 + **一个半小时** +（的）汉语。
(Xīngqīyī) Wǒmen xīngqīyī xuéxí yí ge bàn xiǎoshí (de) Hànyǔ.
　私たちは月曜日に1時間半中国語を勉強します。

目的語がある場合は、上記のほか［主語 + 動詞 + 目的語 + 動詞 + 時量詞］という語順でも OK です。

我们学习汉语学习**一个半小时**。

他每天玩儿**一个半小时**（的）电子游戏。
Tā měitiān wánr yí ge bàn xiǎoshí (de) diànzǐ yóuxì.
　彼は毎日1時間半ゲームをします。

从你家到车站要**多长时间**？ Cóng nǐ jiā dào chēzhàn yào duō cháng shíjiān?
　あなたの家から駅までどれくらい時間がかかるの？

——骑车要**一刻钟**。Qí chē yào yí kèzhōng.
　　自転車で15分だよ。

昨天我给朋友打电话打了**一个小时**。
Zuótiān wǒ gěi péngyou dǎ diànhuà dǎle yí ge xiǎoshí.
　昨日私は友達に1時間電話をしました。

我学汉语学了**两年**。Wǒ xué Hànyǔ xuéle liǎng nián.
　私は2年間中国語を勉強しました。

◆目的語が人称代名詞の場合は、時間詞は目的語のあとに置きます。

我等了她**半个小时**。Wǒ děngle tā bàn ge xiǎoshí.
　ぼくは30分彼女を待った。

1 ピンインを漢字に直し、訳してみましょう。

1 Nǐ xuéle duō cháng shíjiān Yīngyǔ？　→

2 Mèimei měitiān tán bàn ge xiǎoshí gāngqín.
　→

3 Nǐ zuótiān wánrle jǐ ge xiǎoshí diànzǐ yóuxì？
　→

2 日本語の意味に合うように語句を並べかえてみましょう。

1 私はドイツ語を2年半勉強しました。
　学／我／了／德语 Déyǔ／两年半／。

2 あなたは1週間に何日授業がありますか。
　有／一个星期／你／课／几天／？

3 大阪から上海まで飛行機で2時間かかります。
　两个小时／从／到／大阪／上海／坐／飞机／要／。

4 普通の会社員は毎日8～9時間働きます。
　公司职员 zhíyuán／八、九个小时／一般的／每天／工作／。

3 中国語に訳してみましょう。

1 あなたは毎日何時間テレビを見ますか。

2 私の家から学校まで1時間半かかります。

3 父は毎朝1時間新聞を読みます。　　○报纸 bàozhǐ

4 あなたは日曜日に何時間テニスをしましたか。　　○打网球 dǎ wǎngqiú

第24課 ディズニーランドに2回行ったことがあるよ

動作の回数も動詞の後ろに

動作の回数を表す動量詞には以下のようなものがあります。

次 cì ／ 回 huí	「～回」 「～度」	動作の回数を表し、"回"は口語で使われます。
遍 biàn	「～回」 「～度」 「～遍」	一つの動作の開始から終了までの全過程の回数を表し、場所目的語のある動詞の後ろには用いることができません（×去过一遍上海）。
趟 tàng	「～回」 「～度」	行ったり来たりする回数を表します。
顿 dùn	「～食」 「～回」 「～度」	食事、殴打、叱責の回数を表します。
下 xià	「～回」 「～度」	①手で何かを叩いたり、押したりする回数や鐘・時計が鳴る回数を表します。 ②動詞＋"一下"で「ちょっと～してみる」という意味を表します。

語順は、[主語＋動詞＋数詞＋動量詞＋目的語] です。

我去过**两次**迪斯尼乐园。Wǒ qùguo liǎng cì Dísīní lèyuán.
　ディズニーランドに2回行ったことがあるよ。

我每天念**三遍**课文。Wǒ měitiān niàn sān biàn kèwén.
　私は毎日3回教科書の本文を音読します。

我下午再去**一趟**图书馆。Wǒ xiàwǔ zài qù yí tàng túshūguǎn.
　午後にもう一度図書館に行ってくるわ。

小王一天吃**四顿**饭。Xiǎo-Wáng yì tiān chī sì dùn fàn.　王くんは1日4食食べるんだよ。

我拍**两下**手，你就开始唱吧。Wǒ pāi liǎng xià shǒu, nǐ jiù kāishǐ chàng ba.
　私が2回手を叩いたら、すぐに歌い始めてください。

"他"や"这儿"などの人称代名詞・指示代名詞が目的語の場合は、動詞のすぐ後ろに置きます。地名の場合は動量詞の前後どちらに置いてもかまいません。

你见过他**几次**？Nǐ jiànguo tā jǐ cì？　彼に何回会ったことがある？

我去过那儿**两次**。Wǒ qùguo nàr liǎng cì.　そこには2回行ったことがあります。

1 ピンインを漢字に直し、訳してみましょう。

1 Qǐng nǐ niàn yí biàn kèwén.　→

2 Nǐ qùguo jǐ cì Dísīní lèyuán？　→

3 Wǒmen jiànguo yí cì.　→

4 Nǐ měitiān chī jǐ dùn fàn？　→

2 空欄を埋める適切な動量詞を選びましょう。

1 请再给我讲一（　　　），行吗？
　　①顿　　②趟　　③次　　④遍　　　　　　　　○讲 jiǎng

2 暑假我回了一（　　　）老家。
　　①遍　　②趟　　③次　　④顿　　　　　　　　○老家 lǎojiā

3 他没写作业，老师批评了他一（　　　）。
　　①趟　　②次　　③顿　　④遍　　　　　　　　○批评 pīpíng

4 进别人的房间时，一般敲三（　　　）门。
　　①趟　　②下　　③顿　　④遍　　　○进 jìn　○敲 qiāo　○门 mén

3 中国語に訳してみましょう。

1 もう一度言ってください。

2 あの映画を私は2回見ました。

3 彼女は昨日4食食べました。

4 私は2回北京ダックを食べたことがあります。

5 私は北京で京劇を1回見たことがあります。

第25課 姉に彼氏ができたんだ

🛟 文末の"了"は変化・継続

文末につく"了"は新たな事態の発生や変化、継続を表します。

❶ 文章全体にかかり、そういう状態になったり、気づいたことを表します。
名詞の場合は季節・時間・身分・年齢を表すものの後ろにつきます。

春天了。Chūntiān le. 春です。

已经十二点了。Yǐjīng shí'èr diǎn le. もう12時だよ。

天黑了。Tiān hēi le. もう暗くなりました。

暖和了。Nuǎnhuo le. 暖かくなりました。

姐姐有男朋友了。Jiějie yǒu nánpéngyou le. 姉に彼氏ができたんだ。

❷ 動作の継続時間を表します。次の2つの文を比べてみましょう。

我学了一年半汉语。Wǒ xuéle yì nián bàn Hànyǔ.
私は中国語を1年半学びました。（現在は学んでいない）

過去 ←1年半→ 現在 未来

我学(了)一年半汉语了。Wǒ xué(le) yì nián bàn Hànyǔ le.
私は中国語を学んで1年半になります。（今後も学ぶ）

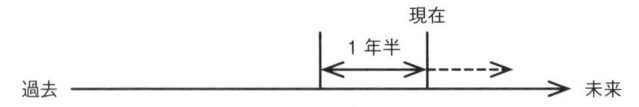

過去 ←1年半→ 現在 未来

我等(了)她半个小时了。Wǒ děng(le) tā bàn ge xiǎoshí le.
彼女を待って30分になります／30分待っています。

◆持続できない動作の場合は、その動作が発生してどれくらいの時間が経過しているかを表します。

我们来中国十年了。Wǒmen lái Zhōngguó shí nián le.
私たちは中国に来て10年になります。

她去图书馆去了半个多小时了。Tā qù túshūguǎn qùle bàn ge duō xiǎoshí le.
彼女が図書館に行って30分ちょっとになるわね。

奶奶死了一年了。Nǎinai sǐle yì nián le. 祖母が亡くなって1年になります。

1 ピンインを漢字に直し、日本語に訳してみましょう。

1 Tiānqì yǐjīng nuǎnhuo le. →

2 Xiànzài jǐ diǎn le? →

3 Wǒ huì kāichē le. →

4 Nǐ xué Hànyǔ xuéle duō cháng shíjiān le? →

5 Wǒmen děngle tā yí ge bàn xiǎoshí le. →

2 日本語の意味に合うように語句を並べかえてみましょう。

1 お祖母さんの体はよくなりましたか。
身体／你奶奶／了／吗／好／？

2 兄がフランスに行って2年になります。
法国／哥哥／去／两年／了／。

3 あなたはここに住んで何年になりますか。
几年／你／这儿／住／在／了／了／？

4 お腹がすいたでしょう？ 食事をしに行きましょう。
了／吧／你／？／饿è／吃饭／吧／去／。

3 中国語に訳してみましょう。

1 あなたは今年何歳になりましたか。

2 今2時になりました。

3 彼は日本に来て20年になります。

4 <u>雨</u>です、私は傘を<u>持って</u>いません。　●下雨 xià yǔ　●带 dài

第26課 私は中国に行きません

"不"と"没"の守備範囲を間違えないで！

動詞の否定は"不"と"没"を使いますが、それぞれの守備範囲をしっかりマスターしましょう。

"不"はこれから先のことで、その行為をする意志がないこと、習慣的なことの否定をします。一方"没"はその時点（発話時）である行為が発生していないことを表します。

```
                       現在（発話時）
                            │
              ←──┌───┐──→  │  ←─┌──┐─→
                 │ 没 │      │    │不│
              ←──└───┘──→  │  ←─└──┘─→
    過去                     │                     未来
    ──────────────────────────┼──────────────────────────→
              ～していない            ～しない
              ～しなかった
              ～したことがない
```

我**不**去中国。Wǒ bú qù Zhōngguó.
　私は中国に行きません。

我**没**去中国。Wǒ méi qù Zhōngguó.
　私は中国に行っていません。／私は中国に行きませんでした。

我**没**去过中国。Wǒ méi qùguo Zhōngguó.
　私は中国に行ったことがありません。

さらにもう一つ、"不…了"というのがあります。これは「～しないことにした、～するのをやめた」という意味を表します。

我**不**去中国**了**。Wǒ bú qù Zhōngguó le.
　私は中国に行かないことにしました。／私は中国に行くのをやめました。

1 ピンインを漢字に直し、訳してみましょう。

1　Tā měitiān dōu bù chī zǎofàn.　→

2　Qùnián wǒ méi qù liúxué.　→

3　Jīnnián shǔjià wǒ bù huí lǎojiā le.　→

4　Lǎoshī hái méi lái.　→

2 日本語に合うように、空欄に適切な語を入れましょう。

1　私の家の者は誰もお酒を飲みません。
　　我家里人都（　　　）喝酒。　　◦家里人 jiālirén

2　彼女は昨日私の家に来ませんでした。
　　她昨天（　　　）来我家。

3　この小説はおもしろくないから、私は読みたくなくなりました。
　　这本小说没意思，我（　　　）想看了。　　◦小说 xiǎoshuō　◦没意思 méi yìsi

4　私はまだ昼食を食べていません。
　　我还（　　　）吃午饭呢。

5　あなたが行かないなら、私も行くのをやめます。
　　你（　　　）去，我也（　　　）去了。

3 中国語に訳してみましょう。

1　彼はまだ宿題をしていません。

2　私は今日買い物に行きません。

3　私はアルバイトに行くのをやめました。

4　明日私は用事があるので、学校に行かないことにしました。

第27課 今日はちっとも食欲がないのよね…

強調を表す"也"と"都"

["一点儿"+"也／都"]の後に否定の動詞フレーズが続くと、「少しも／ちっとも～でない／でなかった」と強調の意味を表すことができます。"一点儿"のほかには疑問詞もこの位置に置くことができます。

| "一点儿" 疑問詞 | +"也／都"+"不／没"+ 動詞／形容詞 |

我今天**一点儿**胃口**也／都**没有。Wǒ jīntiān yìdiǎnr wèikǒu yě/dōu méi yǒu.
　今日はちっとも食欲がないのよね…

谁也／都不知道他在什么地方。Shéi yě/dōu bù zhīdào tā zài shénme dìfang.
　誰も彼がどこにいるのか知らないわ。

黄金周我**哪儿也／都**没去，一直在家里。
Huángjīnzhōu wǒ nǎr yě/dōu méi qù, yìzhí zài jiāli.
　ゴールデンウィークはどこにも行かず、ずっと家にいたんだ。

今天天气真不好，**什么**地方**也／都**不能去。
Jīntiān tiānqì zhēn bù hǎo, shénme dìfang yě/dōu bù néng qù.
　今日は天気が本当に悪いので、どこにも行けません。

我跟你在一起**什么也／都**不怕了。Wǒ gēn nǐ zài yìqǐ shénme yě/dōu bú pà le.
　私、あなたと一緒なら何も怖くないわ。

ただし、[疑問詞+"都"]の後ろには肯定形もきます。

谁都知道她叫什么名字。Shéi dōu zhīdao tā jiào shénme míngzi.
　誰でも彼女の名前を知っているわよ。

また、["一"+量詞+名詞+"也／都"+"不／没"+動詞フレーズ]というパターンもあります。

冰箱里**一瓶**啤酒**也／都**没有。Bīngxiāngli yì píng píjiǔ yě/dōu méi yǒu.
　冷蔵庫には1本のビールもないわ。

小李在开会的时候，**一句**话**也／都**没说。
Xiǎo-Lǐ zài kāihuì de shíhou, yí jù huà yě/dōu méi shuō.
　李くんは会議中、一言もしゃべらなかったわね。

1 ピンインを漢字に直し、訳してみましょう。

1 Wǒ jīntiān shénme yě bù xiǎng chī. →

2 Nà běn shū wǒ yìdiǎnr yě méi kàn. →

3 Tā jīntiān yì bēi jiǔ yě méi hē. →

4 Zhèr de cài, nǎge dōu hěn hǎochī. →

2 日本語の意味に合うように語句を並べかえてみましょう。

1 佐藤さんは今月1日も休みませんでした。
佐藤／一天／这个月／没／也／休息／。

2 私の会社の人はみんな香港に行ったことがあります。
公司／谁／我们／过／都／香港／去／。

3 彼の友達を私は1人も知りません。
我／朋友／他的／也／不／认识／一个／。

4 東京以外、私はどこにも行ったことがありません。
东京／除了 chúle／，／哪儿／我／没／都／去过／。

3 中国語に訳してみましょう。

1 中国語の宿題は少しも難しくありません。
2 張先生は何もおっしゃいませんでした。
3 今日はちっとも寒くないです。
4 弟は冬休みに1冊の本も読んでいません。　　◎ 寒假 hánjià

第28課 もうすぐテストだ

"了"があるけれど、"要…了"が表すのは未来のこと

「もうすぐ～だ」とこれから先のことを言う場合には"要…了"を使います。"快…了""快要…了""就要…了""马上就要…了"というバリエーションを使うこともできます。

ただし、文中に"下个星期""下个月""明年"など具体的な時間があるときには"就要…了"を使い、"快…了""快要…了"は使えません。

要考试**了**。 Yào kǎoshì le.
　もうすぐテストだ。

小孙**快**回国**了**吧? Xiǎo-Sūn kuài huíguó le ba?
　孫さんはまもなく帰国しますよね。

—— 对，他**快要**回国**了**。 Duì, tā kuài yào huíguó le.
　　ええ、彼はもうすぐ帰国します。

代表团坐的飞机**快要**起飞**了**。 Dàibiǎotuán zuò de fēijī kuài yào qǐfēi le.
　代表団が乗った飛行機はまもなく離陸します。

春天**就要**来**了**，天气**快**暖和**了**。 Chūntiān jiùyào lái le, tiānqì kuài nuǎnhuo le.
　春が来ると、もうすぐ暖かくなるね。

我明年**就要**毕业**了**。 Wǒ míngnián jiùyào bìyè le.
　私は来年卒業します。

她下个月**就要**去留学**了**。 Tā xià ge yuè jiùyào qù liúxué le.
　彼女は来月には留学に行くよ。

电影七点**就要**开演**了**，他还没来。 Diànyǐng qī diǎn jiùyào kāiyǎn le, tā hái méi lái.
　映画は7時に始まるけど、彼はまだ来てないの。

大学八月一号**就要**放暑假**了**。 Dàxué bā yuè yī hào jiùyào fàng shǔjià le.
　大学は8月1日にはもう夏休みだ。

1 ピンインを漢字に直し、訳してみましょう。

1 Wǒmen kuài yào kǎoshì le. → ....

2 Diànyǐng mǎshàng jiùyào kāiyǎn le. → ....

3 Wǒ mèimei kuài èrshí suì le. → ....

4 Xuéxiào kuài yào fàng shǔjià le. → ....

2 日本語の意味に合うように語句を並べかえてみましょう。

1 彼は来月もう結婚します。
下个月 / 他 / 结婚 / 了 / 就要 / 。

2 もうすぐクリスマスです。
快要 / 了 / 到 / 圣诞节 Shèngdàn Jié / 。

3 私は日本に来てもうすぐ十年になります。
来 / 我 / 日本 / 快 / 了 / 十年 / 。

4 まもなく上海駅に着きます。
快要 / 了 / 上海站 zhàn / 到 / 。

5 コンサートはまもなく終わります。
马上 / 演唱会 yǎnchànghuì / 就要 / 了 / 结束 jiéshù / 。

3 中国語に訳してみましょう。

1 もうすぐ12時です。

2 私たちはまもなく冬休みになります。

3 彼女は来週もうフランスに行きます。

4 飛行機はまもなく離陸します。

5 私は中国語を勉強してもうすぐ1年になります。

第29課 ちょっと散歩に行きませんか

離合動詞はくっついたり、離れたり

動詞の中には、動詞と目的語（名詞）が合体してできている離合動詞と呼ばれる一群の動詞があります。

ちょっと"散歩"という単語を辞書で引いてみましょう。ピンイン表記がsàn//bù となっていますね。「//」が離合動詞であるというマークです。

前方が動詞で、後方が目的語なので、動詞の重ね型は前方の動詞の部分のみを繰り返します。また助詞の"了""着""过"や時間の長さ・回数も前方の動詞のすぐ後に置きます。

我们去**散散步**，怎么样？ Wǒmen qù sànsan bù, zěnmeyàng?
　ちょっと散歩に行きませんか。

小陈，请**帮帮**我**的忙**。 Xiǎo-Chén, qǐng bāngbang wǒ de máng.
　陳さん、ちょっと私を助けて。

你一个星期去**打**几次**工**？ Nǐ yí ge xīngqī qù dǎ jǐ cì gōng?
　1週間に何回アルバイト行ってるの？

我从来没**滑过雪**。 Wǒ cónglái méi huáguo xuě.
　今までスキーをしたことがありません。

你还**生**我**的气**吗？ Nǐ hái shēng wǒ de qì ma?
　まだ私のことを怒ってる？

帮忙	bāng//máng	助ける	留学	liú//xué	留学する
吃惊	chī//jīng	びっくりする	请假	qǐng//jià	休みを取る
出差	chū//chāi	出張する	聊天儿	liáo//tiānr	おしゃべりする
打工	dǎ//gōng	アルバイトをする	散步	sàn//bù	散歩する
点头	diǎn//tóu	うなずく	生气	shēng//qì	怒る
放假	fàng//jià	休みになる	睡觉	shuì//jiào	眠る、寝る
逛街	guàng//jiē	街をぶらつく	跳舞	tiào//wǔ	踊る
滑冰	huá//bīng	スケートをする	洗澡	xǐ//zǎo	風呂に入る
滑雪	huá//xuě	スキーをする	游泳	yóu//yǒng	泳ぐ
见面	jiàn//miàn	会う	照相	zhào//xiàng	写真を撮る

1 ピンインを漢字に直し、訳してみましょう。

1 Zánmen qù gōngyuán sànsan bù ba. →

2 Nǐ néng bu néng bāng wǒ yí ge máng？ →

3 Nǐ yì tiān dǎ jǐ ge xiǎoshí gōng？ →

4 Tā zài Zhōngguó liúle yì nián xué. →

2 日本語の意味に合うように語句を並かえべてみましょう。

1 母は毎日5時間しか寝ません。
五个小时／每天／妈妈／睡／觉／只／。

2 私は1日休みを取りました。
我／请／假／了／一天／。

3 私はお風呂に入ってからすぐ寝ます。
我／了／洗／就／澡／睡觉／。

4 日曜日一緒に街をぶらぶらしに行きませんか。
一起／逛逛／怎么样／星期天／去／街／，／？

3 中国語に訳してみましょう。

1 私たちは1回会ったことがあります。

2 私は昨日5時間アルバイトをしました。

3 ちょっとおしゃべりをしましょうか。

4 私は韓国に1回出張に行ったことがあります。

5 毎年の春節、あなたたちは何日休みがありますか。　○春节 Chūnjié

○"放假"を使って

相手を誘う表現

人を誘いたいときは、［誘いたい内容＋"怎么样"？（～はどうですか）］が定番表現です。この"怎么样"は相手の状況を尋ねる時に使う便利なことばなので、しっかり覚えて、どんどん使ってみましょう。

今天晚上一起去唱卡拉 OK，怎么样？
Jīntiān wǎnshang yìqǐ qù chàng kǎlā OK, zěnmeyàng ?
　今夜、一緒にカラオケに行くのはどうですか。

星期六晚上有空儿吗？咱们一起去吃饭，怎么样？
Xīngqīliù wǎnshang yǒu kòngr ma ? Zánmen yìqǐ qù chī fàn, zěnmeyàng ?
　土曜の夜は空いてますか。一緒にご飯を食べに行くのはどうですか。

お誘いを受けて、「いいですよ！」と答えるときの一番シンプルな答えは"好！"です。"好极了，太好了"などそのときの自分の気持ちに合わせて答えかたのバージョンをストックしておきましょう。

好啊。咱们几点、在哪儿见面？ Hǎo a. Zánmen jǐ diǎn, zài nǎr jiànmiàn ?
　いいですよ。何時にどこで待ち合わせしますか。

太好了，我正想出去玩儿玩儿呢。
Tài hǎo le, wǒ zhèng xiǎng chūqu wánrwanr ne.
　それはいいですね、ちょうどちょっと遊びに行きたいな～と思っていたのです。

お断りする場合は、どうしてダメなのか理由まできちんと言うほうがいいでしょう。

对不起，我今天晚上有事儿。Duìbuqǐ, wǒ jīntiān wǎnshang yǒu shìr.
　すみません、私は今晩用事があります。

真不好意思，我明天晚上得打工。
Zhēn bù hǎoyìsi, wǒ míngtiān wǎnshang děi dǎgōng.
　本当にすみませんが、明日の夜はアルバイトをしなければいけません。

实在对不起，要考试了，我得复习功课。
Shízài duìbuqǐ, yào kǎoshì le, wǒ děi fùxí gōngkè.
　本当にすみません、もうすぐテストなので勉強をしなければいけません。

頼みごとをするときの表現

人にお願いをするときには、「～してください」という"请……"という言いかたがまず思い浮かぶかもしれませんが、"能……吗？""能不能……？"（～してもらえませんか）と疑問形にするほうがより丁寧な言いかたになります。

"你能帮我(们)……吗？"「私（たち）が～するのを手伝ってもらえませんか」というこの言いかたも覚えておきましょう。

你能帮我们照张相吗？ Nǐ néng bāng wǒmen zhào zhāng xiàng ma ?
　写真を撮ってもらえませんか。
能给我们介绍一下吗？ Néng gěi wǒmen jièshào yíxià ma ?
　私たちにちょっと紹介してもらえませんか。
能不能给我们推荐几个菜？ Néng bu néng gěi wǒmen tuījiàn jǐ ge cài ?
　ちょっといくつか料理を薦めてもらえませんか。
劳驾，让我过去。Láojià, ràng wǒ guòqu.
　すみません、通らせてください。

承諾する場合は…

行，没问题。Xíng, méi wèntí.　いいですよ、問題ありません。
当然可以。Dāngrán kěyǐ.　勿論いいですよ。

断る場合は…

对不起，我现在没有时间。Duìbuqǐ, wǒ xiànzài méi yǒu shíjiān.
　すみません、私は今時間がありません。
真不好意思，我帮不了你的忙。Zhēn bù hǎoyìsi, wǒ bāngbuliǎo nǐ de máng.
　本当に申し訳ないのですが、あなたを助けることはできません。

"对不起"と"不好意思"はどちらも相手に詫びる表現ですが、相手との社会的関係、親しさの度合い、詫びる内容の軽重によって使い分けが必要です。以下を使い分けのめやすにしてください。

	对不起	不好意思
詫びる相手	年長者	同世代の人
詫びる内容	他人の身体、感情、財産などを害するといった状況が複雑な場合。	相手の要求を断る、遅刻するなど、状況が軽微な場合。

第30課 黄さんは今、何をしているの？

進行を表すパーツは、シングルでも、ダブルでも、トリプルでも OK

進行を表すには副詞の"正 zhèng""在 zài"、助詞の"呢 ne"を使います。"正"は「いま、まさに」と時間に、"在"は「～している」という状態にポイントがあります。"呢"は口語でよく使われます。

「彼は会議中です。」

他**正** 开会。　　　　他**正 在** 开会。　　　　他**正 在** 开会**呢**。
他　　**在** 开会。　　　他　　**在** 开会**呢**。
他　　　 开会**呢**。　　他**正**　　 开会**呢**。

このように"正""在""呢"の組み合わせかたが違っても、文の意味は基本的には変わりません。

小黄现在**在**干什么呢？ Xiǎo-Huáng xiànzài zài gàn shénme ne?
　黄さんは今、何をしているの？
—— 他**正在**开会呢。Tā zhèngzài kāihuì ne. 彼は会議中だよ。

否定は"没(有)"を用い、否定すると"正／呢"は消えますが、"在"は残ることもあります。

她**在**打扫房间吗？ Tā zài dǎsǎo fángjiān ma?
　彼女は部屋の掃除をしているの？
—— 没有，她**没在**打扫，她在做菜呢。Méiyou, tā méi zài dǎsǎo, tā zài zuò cài ne.
　いや、掃除をしているんじゃなくて、料理をしているよ。

場所も言いたいとき：

ある場所で何かをしているという場合、"在"は介詞としての役目のほうが優先されるため、進行は"正／呢"で表します。

小王他们**在**咖啡厅喝咖啡呢。Xiǎo-Wáng tāmen zài kāfēitīng hē kāfēi ne.
　王くんたちは喫茶店でコーヒーを飲んでいます。

進行を表す表現は過去・現在・未来のどの時制でも使えます。

昨天我来找他的时候，他还**在**睡觉呢。
Zuótiān wǒ lái zhǎo tā de shíhou, tā hái zài shuìjiào ne.
　昨日彼に会いに行ったとき、彼はまだ寝ていました。

1 ピンインを漢字に直し、訳してみましょう。

1 Xiǎo-Lǐ, nǐ gàn shénme ne ? →

2 Dìdi zài wánr diànzǐ yóuxì ne. →

3 Wǒ méi kàn diànshì, wǒ xiě zuòyè ne. →

4 Tā zhèng gēn péngyou yìqǐ hē jiǔ ne. →

2 日本語の意味に合うように語句を並べかえてみましょう。

1 彼女たちはちょうどギョウザを作っているところです。
正在／她们／饺子／呢／包 bāo／。

2 私が彼女の家に行ったとき、彼女はちょうど運動をしていました。
去／我／时／她家／，／她／运动 yùndòng／在／呢／正／。

3 昨日私があなたに電話をしたとき、あなたは何をしていましたか。
我／给你／电话／昨天／你／呢／什么／干／的时候／打／，／？

4 ちょっと待ってください、彼女はお風呂に入っているところです。
等／你／一下／，／正／她／呢／洗澡／。

3 中国語に訳してみましょう。

1 彼らはテニスをしています。

2 私たちはちょうど授業を受けているところです。

3 あなたはまだテレビを見ているのですか。

4 私は寝ていません、部屋を片付けています。

第31課 弟はコンピュータゲームで遊んでいます

🔵 動作の持続は［動詞＋"着"］で

動作の持続は［動詞＋"着"］で表します。動詞のタイプによって以下の3パターンに分けられます。否定は"没(有)"を使い、❶は否定すると"着"が消えますが、❷と❸は残ったままです。

また❶と❸は進行を表す"正在…呢"と一緒に使うことができます。

❶ 動作そのものの持続を表す

弟弟正玩儿着电子游戏呢。Dìdi zhèng wánrzhe diànzǐ yóuxì ne.
　弟はコンピュータゲームで遊んでいます。

正说着，我的手机突然响了。Zhèng shuōzhe, wǒ de shǒujī tūrán xiǎng le.
　話している最中に、私の携帯電話が突然鳴りました。

我正看着书呢，就停电了。Wǒ zhèng kànzhe shū ne, jiù tíngdiàn le.
　本を読んでいる最中に、停電になりました。

❷ 動作後の状態を表す

その動作自体は一瞬で終わりますが、その後の状態が続いているタイプです。

她穿着一件红色的衬衫和一条黑色的牛仔裤。
　Tā chuānzhe yí jiàn hóngsè de chènshān hé yì tiáo hēisè de niúzǎikù.
　彼女は赤いシャツに黒のジーンズをはいているよ。

窗户没(有)关着。Chuānghu méi(you) guānzhe.　窓は閉まってないよ。

❸ 身体動作を表す動詞

"坐 zuò（座る）""站 zhàn（立つ）""躺 tǎng（横たわる）""蹲 dūn（しゃがむ）""背 bēi（背負う）"など身体動作を表すものは❶＋❷の合体タイプです。

大厅里有很多人，有的站着，有的坐着。
　Dàtīngli yǒu hěn duō rén, yǒu de zhànzhe, yǒu de zuòzhe.
　ロビーにはたくさんの人がいて、立っている人もいれば、座っている人もいます。

奶奶没(有)躺着，在椅子上坐着呢。Nǎinai méi(you) tǎngzhe, zài yǐzishang zuòzhe ne.
　祖母は横になっているのではなく、椅子に座っています。

また、この"着"が2つの動詞の間に入ると、「～して…する」「～しながら…する」という意味を表します。

我喜欢躺着看书。Wǒ xǐhuan tǎngzhe kàn shū.
　私は寝そべって本を読むのが好きです。

1 ピンインを漢字に直し、訳してみましょう。

1 Chuānghu guānzhe, mén yě guānzhe. →

2 Tāmen zhèng zhànzhe liáotiānr ne. →

3 Wǒ měitiān dōu zǒuzhe qù xuéxiào. →

4 Tā lái de shíhou, wǒmen zhèng bāozhe jiǎozi ne.
→

2 日本語の意味に合うように語句を並べかえてみましょう。

1 父はちょうど座ってテレビを見ているところです。
坐着／爸爸／电视／看／正／呢／。

2 姉はよく横になって本を読みます。
经常 jīngcháng ／看书／姐姐／躺着／。

3 彼はジーンズをはいて、メガネをかけています。
牛仔裤／他／戴 dài 着／穿着／，／眼镜 yǎnjìng ／。

4 私たちは一緒に歌を歌い、ダンスをしています。
一起／我们／唱／舞／着／歌／，／跳／着／。

3 中国語に訳してみましょう。

1 窓は開いていません。　⊙ 开 kāi

2 妹は宿題をしている最中です。

3 祖父〔父方〕は新聞を持っています。　⊙ 拿 ná

4 彼は帽子をかぶっていません。　⊙ 帽子 màozi　⊙ 戴 dài

5 教室にいる学生は、立っている人もいれば、座っている人もいます。

第32課　前から自転車が来ました

存現文は場所・時間のあとに何かが現れたり、消えたり

人やモノの存在・出現・消失を表す文を存現文と呼びます。存現文の語順は以下のとおりです。第9課で学習した動詞"有"は言わば存現文の代表選手で、存在を表していましたよね。

場所・時間 ＋ 動詞 ＋ 人・モノ

この動詞の後ろに来る人・モノは不特定のものでないといけません。

【存在】

车站旁边**有**一个银行。Chēzhàn pángbiān yǒu yí ge yínháng.
　駅のそばに銀行があります。

窗户前边**放着**一张床。Chuānghu qiánbian fàngzhe yì zhāng chuáng.
　窓の前にベッドが1台置いてあります。

房间的墙上**挂着**一张照片。Fángjiān de qiángshang guàzhe yì zhāng zhàopiàn.
　部屋の壁には写真が1枚掛かっています。

【出現】

前面**来了**一辆自行车。Qiánmiàn láile yí liàng zìxíngchē.
　前から自転車が1台来ました。

昨天晚上家里**来了**一个客人。Zuótiān wǎnshang jiāli láile yí ge kèren.
　昨日の夜、家にお客さんが1人来ました。

考试的时候**发生了**一场火灾。Kǎoshì de shíhou fāshēngle yì cháng huǒzāi.
　試験のときに火災が発生しました。

【消失】

名单里**少了**两个人的名字。Míngdānli shǎole liǎng ge rén de míngzi.
　名簿に2人の名前が足りません。

玻璃缸里**死了**两条金鱼。Bōligāngli sǐle liǎng tiáo jīnyú.
　水槽の中で2匹の金魚が死にました。

公司里**走了**三个职员。Gōngsīli zǒule sān ge zhíyuán.
　会社から3人の社員が辞めて行きました。

1 ピンインを漢字に直し、訳してみましょう。

1 Xuéxiào pángbiān yǒu yì jiā fànguǎnr. →

2 Qiánmiàn láile yí ge rén. →

3 Chuángshang tǎngzhe yí ge rén. →

4 Gōngyuánli zhànzhe hěn duō rén. →

2 日本語の意味に合うように語句を並べかえてみましょう。

1 会社に2人の新入社員が来ました。
公司里／两个／来了／职员／新／。

2 食事のときに電話がありました。
吃饭时／电话／来了／一个／。

3 学校の門に車が1台停まっています。
辆／门口 ménkǒu ／一／车／学校／停 tíng 着／。

4 壁に世界地図が1枚貼ってあります。
贴 tiē 着／墙上／世界地图 shìjiè dìtú ／一张／。

3 中国語に訳してみましょう。

1 部屋に1台のテレビが置いてあります。

2 <u>川</u>でたくさんの魚が死にました。　　　◦河 hé

3 机に2冊の雑誌が置いてあります。

4 私たちのクラスに1人の留学生が来ました。

5 <u>グラウンド</u>にたくさんの学生が座っています。　　　◦操场 cāochǎng

第33課 走るのはあまり速くないんだよね

🛟 「話すのが上手」は"说得很好"

動作のしかた・程度・結果がどうなのかを表すには様態補語を使います。下に示した語順の"得"の後ろに来る部分が様態補語です。すでに実現していることやいつも行っていることについて述べる場合に使います。

目的語がない場合:

主語 + 動詞 + 得 + 形容詞

形容詞の前には"最／非常／真／很"などの程度副詞や"不／不太"などの否定の副詞が入ります。

他唱**得**最好听。Tā chàngde zuì hǎotīng.　彼は歌うのが最もすばらしいです。
我妈妈早上起**得**很早。Wǒ māma zǎoshang qǐde hěn zǎo.　母は早起きです。
我跑**得**不太快。Wǒ pǎode bútài kuài.　走るのはあまり速くないんだよね。
我姐姐吃**得**不多。Wǒ jiějie chīde bù duō.　姉は少食です。
弟弟吃**得**快，妹妹吃**得**慢。Dìdi chīde kuài, mèimei chīde màn.
　弟は食べるのが速く、妹は遅い。

目的語がある場合:

目的語は文末ではなく、補語の前に来ることに注意しましょう。この場合、最初の動詞は省略してもかまいません。

主語 + (動詞) + 目的語 + 動詞 + 得 + 形容詞

她（说）汉语说**得**非常流利。Tā (shuō) Hànyǔ shuōde fēicháng liúlì.
　彼女は中国語を話すのが非常に流ちょうです。
我姐姐（做）意大利菜做**得**很好吃。Wǒ jiějie (zuò) Yìdàlìcài zuòde hěn hǎochī.
　姉が作るイタリア料理は美味しいです。
他（打）篮球打**得**怎么样？Tā (dǎ) lánqiú dǎde zěnmeyàng?
　彼はバスケットボールの腕前はどう？
—— 他（打）篮球打**得**真不好。Tā (dǎ) lánqiú dǎde zhēn bù hǎo.
　　彼はバスケットボールがほんと下手だよ。
她（写）字写**得**好不好？Tā (xiě) zì xiěde hǎo bu hǎo?
　彼女は字を書くのがうまい？

1 ピンインを漢字に直し、訳してみましょう。

1 Nǐ Hànyǔ shuōde zhēn liúlì !　→

2 Wǒ wǎngqiú dǎde bútài hǎo.　→

3 Gēge wǎnshang shuìde hěn wǎn.　→

4 Nǐ zuò cài zuòde zěnmeyàng ?　→

2 日本語の意味に合うように語句を並べかえてみましょう。

1 私はパソコンを打つのがあまり速くないです。
　我／电脑／得／打／打／快／不太／。

2 時間が経つのは本当に速いですね。
　过 guò ／时间／真／啊 a ／快／得／!

3 彼は歌を歌うのがうまいですか。
　好不好／他／歌／唱／得／?

4 あなたは泳ぐのが本当にうまいですね。
　真／你／游泳／得／游／不错 búcuò ／。

5 彼女はなぜ中国語を話すのがあんなにも上手なのですか。
　汉语／好／说／为什么／那么 nàme ／得／她／?

3 中国語に訳してみましょう。

1 彼女は歌うのが非常にすばらしいです。

2 あなたは起きるのが本当に早いですね。

3 李さんは学ぶのが本当に速いです。

4 私は英語を話すのがあまり流ちょうではありません。

5 彼は野球をするのが本当に下手です。　　○ 棒球 bàngqiú

第34課 今日は眠くてたまりません

🛟 よりどりみどりの「ひどく～だ」

形容詞の後ろに"得"を置いて、さらに以下のようなことばを続けると、「ひどく～である」「たまらない」というように程度が高いことを表すことができます。この表現は良いことにも悪いことにも使えます。

$$\boxed{\text{形容詞}} + 得 + \begin{cases} 很 \text{ hěn} \\ 多 \text{ duō} \\ 要命 \text{ yàomìng} \\ 要死 \text{ yàosǐ} \\ 不得了 \text{ bùdéliǎo} \\ 了不得 \text{ liǎobudé} \end{cases}$$

我今天困**得很**。Wǒ jīntiān kùnde hěn.
　私は今日は眠くてたまりません。

考试成绩非常好，他高兴**得要命**。
Kǎoshì chéngjì fēicháng hǎo, tā gāoxìngde yàomìng.
　試験の成績が非常に良かったので、彼は有頂天よ。

我一天没吃饭了，饿**得要死**。Wǒ yì tiān méi chī fàn le, ède yàosǐ.
　1日食事をしなかったから、お腹がすいて死にそう。

奶奶去世了，我难过**得不得了**。Nǎinai qùshì le, wǒ nánguòde bùdéliǎo.
　祖母が亡くなって、悲しくてたまりません。

また、［形容詞＋"极了 jí le"／"死了 sǐ le"／"坏了 huài le"］のように"得"がつかない形もあります。

这个动画片有意思**极了**。Zhège dònghuàpiàn yǒuyìsijí le.
　このアニメはおもしろすぎるわ。

我今天工作了十个小时，累**死了**。Wǒ jīntiān gōngzuòle shí ge xiǎoshí, lèisǐ le.
　今日10時間働いたので、疲れて死にそう。

这几天我们都忙**坏了**。Zhè jǐ tiān wǒmen dōu mánghuài le.
　この数日私たちはみんな忙しすぎます。

1 ピンインを漢字に直し、訳してみましょう。

1 Wǒmen zuìjìn mángde hěn. →

2 Zhège piányide hěn. →

3 Jīngdū de xiàtiān rède bùdéliǎo. →

4 Gēge yào gōngzuò le, māma gāoxìngde bùdéliǎo.
→

2 次の文の程度補語の使いかたの誤りを直しましょう。

1 今天热得死了。
2 这首歌好听得极了。
3 汉语的发音难很得。
4 逛了一天街，真是累得死了。　○真是 zhēnshì
5 等了他一个小时了，他还没来，我们急不得了。　○急 jí

3 日本語の意味に合うように語句を並べかえてみましょう。

1 あそこの品物は高すぎます。
的／贵得／东西／很／那儿／。

2 ここの冬は寒くてたまりません。
冬天／的／这儿／得／很／冷／。

3 私は昨日3時間しか寝なかったので、今日は眠くて死にそうです。
三个／只／昨天／，／睡／小时／了／困得／今天／要死／我／。

4 母が作ったギョウザはおいしくてたまりません。
的／我／妈妈／包／饺子／味道／极了／好／。

第35課 彼女は私より背が高いです

🛟 介詞"比"を使って比較を表す

比較表現には数パターンあります。まず介詞"比"を使う比較文から見ていきましょう。比較文では副詞"很"は使えないので注意しましょう。

$$
A + 比 + B (+更／还) + \begin{cases} \boxed{形容詞} \\ \boxed{形容詞}得多 \\ \boxed{形容詞}多了 \\ \boxed{動詞フレーズ} \end{cases} \quad \begin{array}{l} A は B より \\ (さらに／ずっと)〜だ \end{array}
$$

她比我高。Tā bǐ wǒ gāo.　彼女は私より背が高いです。
他比我更年轻。Tā bǐ wǒ gèng niánqīng.　彼は私よりさらに若いです。
今年比去年冷吗？ Jīnnián bǐ qùnián lěng ma？　今年は去年より寒い？
── 今年比去年冷得多。Jīnnián bǐ qùnián lěngdeduō.
　　今年は去年よりずっと寒いよ。
这件比那件贵多了。Zhè jiàn bǐ nà jiàn guì duō le.
　この服はあの服よりずっと値段が高いです。
我比你喜欢运动。Wǒ bǐ nǐ xǐhuan yùndòng.
　私はあなたよりスポーツをするのが好きです。

$$
A + 比 + B + \boxed{形容詞} + \boxed{数量フレーズ} \quad A は B よりどれくらい〜だ
$$

我比我弟弟大 两岁 。Wǒ bǐ wǒ dìdi dà liǎng suì.　私は弟より２歳年上です。
这次考试的成绩比上次高 一点儿 。Zhè cì kǎoshì de chéngjì bǐ shàngcì gāo yìdiǎnr.
　今回の試験の成績は前回よりちょっと高かったです。
我们学校的留学生比你们学校的多 一些 。
Wǒmen xuéxiào de liúxuéshēng bǐ nǐmen xuéxiào de duō yìxiē.
　私の学校の留学生はあなたの学校よりちょっと多いです。

　比較した差を示す数量フレーズの部分には、"两岁（2歳）""五公斤（5キロ）""十公分（10センチ）"のような具体的な数、あるいは"大一点儿（ちょっと大きい）""多一些（ちょっと多い）"のような大まかな数が入ります。

1 ピンインを漢字に直し、訳してみましょう。

1 Māma bǐ bàba hái máng. →

2 Wǒ jīntiān bǐ zuótiān hǎo duō le. →

3 Gēge bǐ bàba hái gāo. →

4 Zhège bǐ nàge guì yìxiē. →

2 日本語の意味に合うように語句を並べかえてみましょう。

1 彼は私より20センチ背が高いです。
我／他／高／比／二十／公分 gōngfēn／。

2 母は私よりテニスをするのが好きです。
网球／妈妈／比／喜欢／打／我／。

3 東京の物価は大阪よりずっと高いです。
东京的／比／大阪／高／物价 wùjià／得多／。

4 彼女の声は私よりずっときれいです。
声音 shēngyīn／比／她的／我／得多／好听／。

3 中国語に訳してみましょう。

1 彼は私よりさらに背が高いです。

2 中国の人口は日本よりずっと多いです。　●人口 rénkǒu

3 このズボンはあのズボンより値段がずっと高いです。

4 この部屋はあの部屋より少し大きいです。

第36課 彼女は私ほど背が高くありません

介詞 "比" を使わない比較表現もあります

❶ 比較の否定表現

> A＋没有＋B(＋这么／那么)＋形容詞／動詞フレーズ
> AはBほど（こんなに／そんなに）〜でない

她**没有**我高。Tā méiyou wǒ gāo.　彼女は私ほど背が高くありません。

你**没有**我这么爱他。Nǐ méiyou wǒ zhème ài tā.
　あなたは私ほど（こんなにも）彼を愛してないわ。

我**没有**他能喝酒。Wǒ méiyou tā néng hē jiǔ.
　ぼくは彼ほどお酒を飲めないよ。

我**没有**你那么会买东西。Wǒ méiyou nǐ nàme huì mǎi dōngxi.
　私はあなたほど買い物上手ではありません。

　※この例文の "会" は「上手に〜できる／〜に長けている」という意味の助動詞です。

❷ 介詞 "跟／和" を使った比較表現

> A＋跟／和＋B＋一样＋形容詞／動詞フレーズ
> AはBと同じくらい〜だ
>
> 否定　A＋跟／和＋B＋不一样　AはBと同じではない／違う
>
> 疑問　A＋跟／和＋B＋一样＋吗？
> 　　　A＋跟／和＋B＋一样不一样？
> 　　　AとBは同じですか

我**跟**她**一样**大。Wǒ gēn tā yíyàng dà.　私は彼女と同い年です。

她的想法**跟**你的**一样不一样**？ Tā de xiǎngfǎ gēn nǐ de yíyàng bu yíyàng？
　彼女の考えかたはあなたの（考えかた）と同じなの？

── 她的想法**跟**我的**不一样**。Tā de xiǎngfǎ gēn wǒ de bù yíyàng.
　　彼女の考えかたは私の（考えかた）とは違うわ。

我们这儿的气候**跟**你们那儿**不一样**。
Wǒmen zhèr de qìhòu gēn nǐmen nàr bù yíyàng.
　私たちのところの気候はあなたたちのところと違います。

1 ピンインを漢字に直し、訳してみましょう。

1 Zhège méiyou nàge piányi. →

2 Wǒ méiyou nǐ nàme xǐhuan dǎ bàngqiú. →

3 Yéye hé nǎinai yíyàng dà. →

4 Nǐ de fāyīn gēn lǎoshī de fāyīn bù yíyàng. →

2 日本語の意味に合うように語句を並べかえてみましょう。

1 私の家はあなたの家と同じくらい遠いです。
跟／我家／一样／你家／远／。

2 私はあなたほどゲームをするのが好きではありません。
没有／你／我／喜欢／那么／电子游戏／玩儿／。

3 私の成績はあなたと同じではありません。
成绩／我的／跟／不／你的／一样／。

4 このレストランの料理はあのレストランほどおいしくありません。
餐厅／的／这个／没有／那个／菜／餐厅／的／好吃／。

3 中国語に訳してみましょう。

1 バスは電車ほど速くありません。

2 私の携帯電話はあなたのと同じではありません。

3 あなたの日本語は日本人と同じくらい上手です。

4 私はあなたほど車の運転が好きではありません。

第37課 ちょっと頭痛がします

2つの「ちょっと」

「ちょっと」という意味を表す中国語には、"有点儿"と"一点儿"の2つがあります。使いかたの違いは下の表の通りです。

有点儿	一点儿
有点儿+形容詞／動詞	形容詞／動詞+一点儿
主観的	客観的
マイナスイメージで「ちょっと」 （後ろにつく形容詞・動詞は 否定的・消極的なものが多い）	比較した差が「ちょっと」

这个**有点儿**贵。Zhège yǒudiǎnr guì.
　これはちょっと高いです。　→予想していた値段よりも高い。

这个贵**一点儿**。Zhège guì yìdiǎnr.
　これはちょっと高いです。　→ほかと比べてこっちのほうが値段が高い。

我头**有点儿**疼。Wǒ tóu yǒudiǎnr téng.
　ちょっと頭痛がします。

看样子她**有点儿**不高兴。Kàn yàngzi tā yǒudiǎnr bù gāoxìng.
　彼女はちょっと機嫌が悪いみたいね。

小张跟女朋友分手半年了，他**有点儿**后悔。
Xiǎo-Zhāng gēn nǚpéngyou fēnshǒu bàn nián le, tā yǒudiǎnr hòuhuǐ.
　張くんは彼女と別れて半年になりますが、ちょっと後悔しています。

今天比昨天冷**一点儿**。Jīntiān bǐ zuótiān lěng yìdiǎnr.
　今日は昨日よりちょっと寒いです。

她比大学的时候胖了**一点儿**。Tā bǐ dàxué de shíhou pàngle yìdiǎnr.
　彼女は大学生の頃よりちょっと太ったね。

◆話しことばでは"一点儿"の"一"が省略されることもあります。

1 ピンインを漢字に直し、訳してみましょう。

1 Jīntiān yǒudiǎnr lěng. →

2 Māma yǒudiǎnr bù gāoxìng le. →

3 Zhè běn bǐ nà běn guì yìdiǎnr. →

4 Wǒ jīntiān yǒudiǎnr bù shūfu. →

5 Zhège hǎo yìdiǎnr. →

2 日本語の意味に合うように、"有点儿"か"一点儿"を入れましょう。

1 このジーンズはあれよりちょっと長いです。
这条牛仔裤比那条长（　　　　）。

2 このシャツはちょっと長いです。
这件衬衫（　　　　）长。

3 私の家は駅からちょっと遠いです。
我家离车站（　　　　）远。

4 おばあさんの体は良くなりましたか。
你奶奶的身体好（　　　　）了吗？

3 中国語に訳してみましょう。

1 私は少し吐き気がします。　○恶心 ěxin

2 ゆっくりしゃべってください。

3 もう少し安くできませんか。

4 私は最近ちょっと太りました。

5 私はちょっと疲れました。

買い物するときの表現

　海外旅行の楽しみの一つは買い物ですよね。買い物は自分の中国語が通じるかを試す絶好の機会なので、店員さんとどんどんしゃべりましょう！

両替をする：

　まずは日本円を人民元に両替しなければいけません。両替は空港、銀行、ホテルのロビーでできますが、パスポートが必要ですので、お忘れなく！

　请问，这儿可以换钱吗？　Qǐngwèn, zhèr kěyǐ huàn qián ma？
　请问，这儿能不能换钱？　Qǐngwèn, zhèr néng bu néng huàn qián？
　　すみません。ここで両替はできますか。
　我想把日元／美元换成人民币。Wǒ xiǎng bǎ rìyuán / měiyuán huànchéng rénmínbì.
　　私は日本円／アメリカドルを人民元に両替したいです。

値段を尋ねる：

　買いたい物を手に取ったり、指さしてまずは"多少钱？ duōshao qián？"で大丈夫です。徐々にレベルを上げて、次のように尋ねてみましょう。

　那件大衣多少钱？　Nà jiàn dàyī duōshao qián？
　　そのオーバーはいくらですか。
　苹果多少钱一斤？　Píngguǒ duōshao qián yì jīn？
　　リンゴは500グラムいくらですか。

　市場で果物や野菜などの食料品を買う場合は、量り売りがまだまだ多く、"一斤 yì jīn"＝500グラムが単位となっています。慣れるまではちょっとややこしいかもしれません。また、日本語の語順と違って、

　多少钱一个？／多少钱一件？／多少钱一条？
となるので注意しましょう。

試着をする：

　洋服や靴など試着をしたいときは次のように言いましょう。

　我可以试试吗？　Wǒ kěyǐ shìshi ma？　ちょっと試着してもいいですか。
　能试一下吗？　Néng shì yíxià ma？　ちょっと試着できますか。

要望を伝える：

買いたい物が見つからないとき、別のデザインや色が欲しいときなどは次のように言いましょう。

女士毛衣在哪儿卖？ Nǚshì máoyī zài nǎr mài?
 婦人物のセーターはどこで売っていますか。

这件太短／长了，有没有大／小一点儿的？
Zhè jiàn tài duǎn/cháng le, yǒu mei yǒu dà/xiǎo yìdiǎnr de?
 これは短すぎる／長すぎるので、ちょっと大きい／小さいのはありますか。

有别的颜色的／款式的吗？ Yǒu biéde yánsè de/kuǎnshì de ma?
 ほかの色／デザインはありますか。

値段交渉をする：

デパートやスーパーなどは正札で購入しなければいけませんが、みやげ物屋さん・露店ではお店の人と"讨价还价 tǎojià huánjià"（値段交渉する）をしてみましょう。

太贵了，能便宜一点儿吗？ Tài guì le, néng piányi yìdiǎnr ma?
 高すぎます、少し安くできませんか。

一样买十个，能不能再便宜一点儿？
Yíyàng mǎi shí ge, néng bu néng zài piányi yìdiǎnr?
 同じのを10個買うので、もう少し安くしてもらえませんか。

那，我不要了。Nà, wǒ bú yào le. じゃ、要りません。
那，我不买了。Nà, wǒ bù mǎi le. では、買わないことにします。

こう言って、その場を離れかけると、さらに値引きをしてくれる可能性があるかもしれません!?　駆け引きのテクニックも必要ですね。

バーゲンシーズン（大甩卖 dàshuǎimài）であれば、店内のいたるところに何割引かを書いたポップが貼ってあります。この見かたは要注意です！
"打折（扣）dǎ zhé(kòu)"が割引きするという意味で、"打八折 dǎ bā zhé"は8割引ではなく、8掛けつまり×0.8で2割引ということです。"打七折 dǎ qī zhé"は3割引、"打五折 dǎ wǔ zhé"は半額ですね。

"刷卡 shuākǎ"（カードで支払う）した場合は、支払いのトラブルを防ぐためにもカードの控えを支払いが確定するまでちゃんと残しておきましょう。

第38課 彼の小説は中国語に翻訳されました

動作の結果は動詞・形容詞が補足します

中国語はある動作の結果がどうなったかを、メインの動詞の後に動詞・形容詞を補って、「〜して、その結果…する」のように2ステップで表します。

この補う部分を結果補語といい、否定は"没(有)"を使います。

ここでは結果補語としてよく使われる動詞を見てみましょう。

動詞 ＋ 動詞

❶ 動詞 ＋ 成　ほかのものに変化する

他的小说**翻译成**汉语了。Tā de xiǎoshuō fānyìchéng Hànyǔ le.
彼の小説は中国語に翻訳されました。

❷ 動詞 ＋ 到　動作の達成やある場所への到達

在哪里能**买到**最便宜的机票？Zài nǎli néng mǎidào zuì piányi de jīpiào?
どこで一番安い航空券が買えますか。

咱们**跑到**前面的十字路口吧。Zánmen pǎodào qiánmiàn de shízì lùkǒu ba.
前の交差点まで走りましょう。

❸ 動詞 ＋ 懂　理解する

我还没**听懂**老师说的汉语。Wǒ hái méi tīngdǒng lǎoshī shuō de Hànyǔ.
私はまだ先生のおっしゃる中国語が（聞いて）わかりません。

❹ 動詞 ＋ 给　人に与える

这是我**送给**你的生日礼物。Zhè shì wǒ sònggěi nǐ de shēngrì lǐwù.
これは私からの（私があなたに贈る）誕生日プレゼントです。

❺ 動詞 ＋ 完　〜し終わる

那本杂志你**看完**了没有？ Nà běn zázhì nǐ kànwánle méiyou?
その雑誌、読み終わった？

❻ 動詞 ＋ 在　動作の結果ある場所にいる、ある

你**坐在**这儿干什么呢？Nǐ zuòzài zhèr gàn shénme ne?
ここに座って何をしているの？

❼ 動詞 ＋ 住　安定する、固定する

第八课的生词我已经**记住**了。Dì bā kè de shēngcí wǒ yǐjīng jìzhù le.
第8課の新出単語はもう覚えたよ。

1 日本語に合うように、空欄にふさわしい結果補語を入れましょう。

1 今日の授業、私は（聞いて）まったくわかりませんでした。
　今天的课我完全没听（　　　　）。　　〇完全 wánquán

2 この本はどこで買ったのですか（手に入れたのですか）。
　这本书你是在哪儿买（　　　　）的？

3 この服は誰がくれたの。
　这件衣服是谁送（　　　　）你的？

4 彼はソファーに座って本を読んでいます。
　他坐（　　　　）沙发上看书呢。　　〇沙发 shāfā

2 ピンインを漢字に直し、訳してみましょう。

1 Tā shuō de Yīngyǔ nǐ tīngdǒng le ma？　→

2 Jīntiān de gōngzuò wǒ yǐjīng zuòwán le.　→

3 Māma shuō de huà nǐ jìzhù le ma？　→

4 Wǒ chīwán fàn jiù gěi nǐ dǎ diànhuà.　→

3 中国語に訳してみましょう。

1 私はまだ仕事が見つかりません。　　〇"找 zhǎo"を使って

2 昨日の映画、私は（見て）わかりませんでした。

3 あの本、私は買っていません。

4 彼の電話番号、あなたは覚えましたか。　　〇号码 hàomǎ

5 彼女は以前北京に住んでいました。

第39課 もうお腹いっぱいになりました

🛟 結果補語の後ろに"了"／"过"／目的語を

結果補語は前の動詞との結びつきが強いので、一つの動詞のかたまりと考えて、"了"、"过"や目的語は後ろに置きます。

結果を表しているので、当然ながら"着"がつくことはありません。

以下に補語として常用される形容詞をあげておきます。

|動詞|＋|形容詞|

❶ |動詞|＋饱　　満腹になる

　　我已经**吃饱**了，吃得很好。Wǒ yǐjīng chībǎo le, chīde hěn hǎo.
　　もうお腹いっぱいになりました、ごちそうさまでした。

❷ |動詞|＋错　　間違える

　　对不起，我**认错**人了。Duìbuqǐ, wǒ rèncuò rén le.
　　すみません、人を見まちがえました。

❸ |動詞|＋干净　　きれいになる

　　你的房间**打扫干净**了吗？ Nǐ de fángjiān dǎsǎogānjìngle ma？
　　あなたの部屋は掃除してきれいになったの？

❹ |動詞|＋好　　満足のいく状態になる、ちゃんと～する

　　我一定要**学好**汉语。Wǒ yídìng yào xuéhǎo Hànyǔ.
　　私は絶対に中国語をマスターしてやる。

❺ |動詞|＋累　　疲れる

　　走累了，休息一下吧。Zǒulèi le, xiūxi yíxià ba.
　　歩き疲れたので、ちょっと休憩しましょう。

❻ |動詞|＋清楚　　はっきりする

　　我没**听清楚**，老师请您再说一遍。
　　Wǒ méi tīngqīngchu, lǎoshī qǐng nín zài shuō yí biàn.
　　はっきり聞こえなかったので、先生もう一度言ってください。

1 日本語に合うように、空欄にふさわしい結果補語を入れましょう。

1 遊び疲れたので、早く帰りましょう。
  玩儿（　　　）了，快回家吧。

2 この字、あなたは書きまちがえていますよ。
  这个字，你写（　　　）了。

3 彼は2杯食べたけれど、まだおなかいっぱいになっていません。
  他吃了两碗，还没吃（　　　）。　●碗 wǎn

4 音が小さすぎるので、私ははっきり聞こえませんでした。
  声音太小，我没听（　　　）。

2 ピンインを漢字に直し、訳してみましょう。

1 Duìbuqǐ, dǎcuò le.　→

2 Wǒ méi kànqīngchu, zài gěi wǒ kànkan.
  →

3 Nǐ de yīfu méi xǐgānjìng, zài xǐ yí biàn ba.
  →

4 Nǐ yídìng chànglèi le ba?　→

3 中国語に訳してみましょう。

1 机をきれいに拭きましたか。　●擦 cā

2 中国語をマスターしてから、私は中国に行きたいです。●"以后 yǐhòu"を使って

3 すみません、私は言いまちがえました。

4 あなたのパソコンは修理できましたか。　●修理 xiūlǐ

第40課 私たちは知り合ったばかりです

🛟 副詞は形容詞や動詞（助動詞）の前をうろうろ

ここで時間に関係のある副詞をまとめておきましょう。

已经 yǐjīng「すでに、もう」

"已经…了"という形で使います。

> 她**已经**找到工作了。Tā yǐjīng zhǎodào gōngzuò le.
> 彼女はもう仕事がみつかりました。

> 我**已经**写完作业了。Wǒ yǐjīng xiěwán zuòyè le.
> 私はすでに宿題をやり終えました。

刚 gāng「ちょうど～したばかり」

> 我们**刚**认识。Wǒmen gāng rènshi. 私たちは知り合ったばかりです。

> 妹妹**刚**十八岁。Mèimei gāng shíbā suì. 妹は18歳になったばかりです。

就 jiù「すぐに、まもなく」

文末の"了"とよく一緒に使われます。"就"は日本語には訳しにくい場合もあるのですが、物事が何の滞りもなくスムーズに行くときに使います。

> 他二十岁**就**结婚了。Tā èrshí suì jiù jiéhūn le. 彼は20歳で結婚しました。

才 cái「ようやく、やっと」

文末の"了"とは一緒に使えません。"才"は"就"とまったく逆で、非常に手間どってようやく、というような場合に使います。

> 他四十岁**才**结婚。Tā sìshí suì cái jiéhūn.
> 彼は40歳でようやく結婚しました。

> 老师的话我听了三遍**才**懂。Lǎoshī de huà wǒ tīngle sān biàn cái dǒng.
> 先生の話を私は3回聞いてやっとわかりました。

一直 yìzhí「ずっと」

> 他**一直**在这家公司工作。Tā yìzhí zài zhè jiā gōngsī gōngzuò.
> 彼はずっとこの会社で働いています。

> 最近几天**一直**很冷。Zuìjìn jǐ tiān yìzhí hěn lěng. この数日ずっと寒いですね。

正 zhèng／**在** zài／**正在**「～しているところだ」→第30課

1 ピンインを漢字に直し、訳してみましょう。

1 Tā shí suì jiù qù liúxué le. →

2 Wǒ jiějie sānshí suì cái qù liúxué. →

3 Wǒmen zuótiān gāng rènshi. →

4 Tā yìzhí zhùzài Dàbǎn. →

5 Wǒmen yǐjīng xuédào dì shí kè le. →

2 空欄を埋めるのに最も適切なものを選びましょう。

1 他（　　　）来就走了。
　①刚　　　②一直　　　③在　　　④已经

2 那本书我（　　　）看了两遍了。
　①就　　　②才　　　③已经　　　④一直

3 他这些天（　　　）没来学校。
　①常常　　②已经　　　③一直　　　④正在

4 妈妈六点（　　　）回来了，爸爸十点（　　　）回来。
　①一直　　②才　　　③就　　　④常常
　　　　　　　　　　　◦2つの（　）に異なる副詞が入ります。

3 中国語に訳してみましょう。

1 彼は行ったばかりです。

2 母は5時には（もう）起きました。

3 兄は10時にようやく起きました。

4 彼女はずっと中国語を勉強しています。

第41課　私がカメラを持って行きます

🛟 動作の方向性は、方向動詞で補足します

　方向補語はメインとなる動詞の後ろに方向動詞"来，去，上，下，进，出，回，过，起"をつけて表し、以下に示す3パターンがあります。否定は全て"没(有)"を使います。

　パターンⅠとⅢは場所が目的語の場合には、"来／去"の前に置きます。場所以外の目的語の場合は、命令文・動作がまだ完了していなければ"来／去"の前に置き、動作が完了していれば"来／去"の前後どちらに置いてもかまいません。パターンⅡは方向補語の後ろに目的語を置きます。

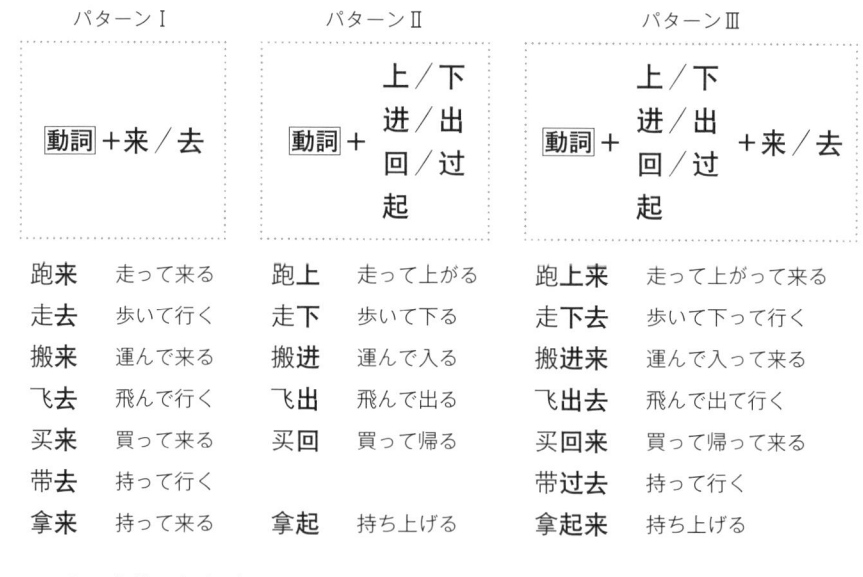

パターンⅠ	パターンⅡ	パターンⅢ
動詞 ＋ 来／去	動詞 ＋ 上／下 进／出 回／过 起	動詞 ＋ 上／下 进／出 回／过 起 ＋ 来／去

跑来	走って来る	跑上	走って上がる	跑上来	走って上がって来る
走去	歩いて行く	走下	歩いて下る	走下去	歩いて下って行く
搬来	運んで来る	搬进	運んで入る	搬进来	運んで入って来る
飞去	飛んで行く	飞出	飛んで出る	飞出去	飛んで出て行く
买来	買って来る	买回	買って帰る	买回来	買って帰って来る
带去	持って行く			带过去	持って行く
拿来	持って来る	拿起	持ち上げる	拿起来	持ち上げる

明天我带照相机**去**。Míngtiān wǒ dài zhàoxiàngjī qù.
　　明日私がカメラを持って行きます。

突然下**起**了大雨，我们没爬**上**山顶。
Tūrán xiàqǐle dàyǔ, wǒmen méi páshàng shāndǐng.
　　突然大雨が降ったので、私たちは山頂まで登りませんでした。

学生们跑**进**教室**去**了。Xuéshengmen pǎojìn jiàoshì qù le.
　　学生たちは走って教室に入って行きました。

她每天都抽**出**时间**来**练习弹钢琴。
Tā měitiān dōu chōuchū shíjiān lái liànxí tán gāngqín.
　　彼女は毎日時間をさいてピアノの練習をします。

1 ピンインを漢字に直し、訳してみましょう。

1 Qiánmiàn zǒuguòlai yí ge rén. →

2 Jiějie mǎihuílai yìxiē píngguǒ. →

3 Tóngxuémen pǎochū shítáng qù le. →

4 Jīntiān yǒu yǔ, nǐ dài sǎn qù ba. →

5 Cóng bàngōngshìli zǒuchūlai liǎng ge rén.
→

2 日本語の意味に合うように語句を並べかえてみましょう。

1 先生が（歩いて）教室に入って来られました。
走进／教室／老师／了／来／。

2 彼女は泣きながら、（走って）部屋に戻っていきました。
哭 kū 着／她／去／房间／跑回／了／。

3 兄は上の階から降りてきました。
从／哥哥／楼上 lóushàng／下来／了／。

4 父は1台のテーブルを運び入れました。
进／桌子／爸爸／来／一张／搬／。

3 中国語に訳してみましょう。

1 はやく入って来てください。

2 彼は走って上がって来ました。

3 彼女はイギリスに帰って行きました。

4 母が1匹の子犬を買って来ました。　　◎ 小狗 xiǎo gǒu

5 北京行きの航空券を買って来ましたか。

第42課 傘を電車に忘れてしまいました

🛟 目的語を動詞の前に引っぱり出す"把"

中国語の基本文型は［主語＋動詞＋目的語］ですが、"把"構文は目的語を動詞の前に引っぱり出す役割があります。

この文型は目的語に対して、何らかの処置・動作を加えたり、うっかりミスをしたりした場合に使います。必ず動詞には以下のような＋αの成分が必要となります。また、否定詞・副詞・助動詞は"把"の前に置きます。

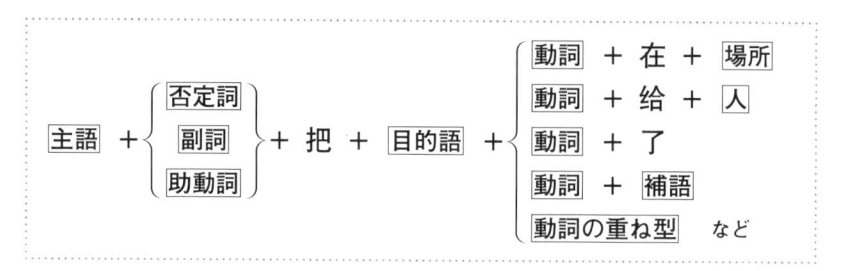

```
                ┌ 否定詞 ┐                    ┌ 動詞 ＋ 在 ＋ 場所
主語 ＋ │ 副詞   │ ＋ 把 ＋ 目的語 ＋ │ 動詞 ＋ 給 ＋ 人
                └ 助動詞 ┘                    │ 動詞 ＋ 了
                                              │ 動詞 ＋ 補語
                                              └ 動詞の重ね型    など
```

我**把**伞忘在电车上了。 Wǒ bǎ sǎn wàngzài diànchēshang le.
　私は傘を電車に忘れてしまいました。

你**把**笔借给我用一下吧。 Nǐ bǎ bǐ jiègěi wǒ yòng yíxià ba.
　書くものを私に貸してください。

我**把**手机弄坏了。 Wǒ bǎ shǒujī nònghuài le.
　私は携帯電話を壊してしまいました。

　※"弄"は"做""办"などの代わりに使って、「する、やる、作る」といった
　　意味になります。

我**把**衣服洗得很干净。 Wǒ bǎ yīfu xǐde hěn gānjìng.
　私は服をきれいに洗います。

快**把**房间打扫一下吧。 Kuài bǎ fángjiān dǎsǎo yíxià ba.
　さっさと部屋を掃除してしまいなさい。

你怎么没**把**女朋友带来？ Nǐ zěnme méi bǎ nǚpéngyou dàilai?
　なぜガールフレンドを連れてこなかったの？

我已经**把**作业交给老师了。 Wǒ yǐjīng bǎ zuòyè jiāogěi lǎoshī le.
　私はもう宿題を先生に提出しました。

我要**把**这本小说翻译成汉语。 Wǒ yào bǎ zhè běn xiǎoshuō fānyìchéng Hànyǔ.
　私はこの小説を中国に訳したいです。

1 ピンインを漢字に直し、訳してみましょう。

1 Kuài bǎ yīfu chuānshàng. →

2 Kuài bǎ chuānghu guānshàng. →

3 Māma yǐjīng bǎ fàn zuòhǎo le. →

2 日本語の意味に合うように語句を並べかえてみましょう。

1 弟はまた携帯電話をなくしてしまいました。
了／又／弟弟／手机／弄丢 nòngdiū ／把／ 。

2 あなたの辞書をちょっと私に貸してください。
你的／把／词典／用用／给／借／我／ 。

3 私は日本円を人民元に両替したいです。
我／换成 huànchéng ／想／日元 rìyuán ／人民币 rénmínbì ／把／ 。

4 彼はまだ本を返しに行っていません。
还／把／书／他／没／回去／还／呢／ 。

5 私は今日必ずこの本を読み終えます。
看／我／今天／这本书／把／一定／要／完／ 。

3 "把"を使って中国語に訳してみましょう。

1 荷物を上に置いてください。　○行李 xíngli

2 私はメガネを家に忘れてきました。

3 パスポートを（取り）出してください。　○护照 hùzhào

4 あなたの電話番号と住所をここに書いてください。　○地址 dìzhǐ

第43課　言うは易く、行うは難し

🛟 方向補語には派生義がいっぱい

方向補語には方向動詞が示す具体的な動き以外に、派生的な意味が豊富にあります。以下はその一部です。

動詞＋起来：

❶「〜しはじめる」

我不知道她为什么突然哭**起来**了。Wǒ bù zhīdào tā wèi shénme tūrán kūqǐlai le.
　　私はなぜ彼女が突然泣き出したのかわかりません。

❷「〜してみると」

说**起来**容易做**起来**难。Shuōqǐlai róngyì zuòqǐlai nán.
　　（言ってみるのは簡単だが、やってみると難しい→）言うは易く、行うは難し。

❸ 分散しているものが集まる

把洗好的衣服收**起来**，好像要下雨了。
Bǎ xǐhǎo de yīfu shōuqǐlai, hǎoxiàng yào xià yǔ le.
　　洗濯した服を取り込んで、雨が降りそうだから。

動詞＋上：隙間がなくなりぴったりくっつくイメージ

下雨了，快把窗户关**上**吧。Xià yǔ le, kuài bǎ chuānghu guānshàng ba.
　　雨が降ってきた、早く窓を閉めて。

動詞＋下来：

❶ 留まる、残存する

她很快就把这首诗背**下来**了。Tā hěn kuài jiù bǎ zhè shǒu shī bèixiàlai le.
　　彼女はあっというまにこの詩を暗記しました。

❷ モノが離れていく

你能帮我把大衣脱**下来**吗？Nǐ néng bāng wǒ bǎ dàyī tuōxiàlai ma?
　　オーバーを脱ぐのを手伝ってもらえますか？

動詞＋下去：「〜しつづける」

这个电影不好看，我不想再看**下去**了。
Zhège diànyǐng bù hǎokàn, wǒ bù xiǎng zài kànxiàqu le.
　　この映画はおもしろくないので、もう見つづけたくないよ。

動詞＋出来：物事が明らかになったり、識別することを表す

你闻**出来**这是什么味儿了吗？　Nǐ wénchūlai zhè shì shénme wèir le ma?
　　これが何のにおいか嗅いでわかった？

1 ピンインを漢字に直し、訳してみましょう。

1 Qǐng nǐ bǎ mén guānshàng. →

2 Xiàkè le, kuài bǎ zhuōzishang de shū dōu shōuqǐlai ba.
→

3 Tài rè le, nǐ kuài bǎ dàyī tuōxiàlai ba.
→

2 日本語に合うように下線部を埋めましょう。

1 今天学的单词你都背＿＿＿了吗？　今日習った単語は全部覚えましたか？
2 她妈妈看＿＿＿很年轻。　彼女のお母さんはとても若く見えます。
3 一辆车在我眼前停了＿＿＿。　1台の車が私の目の前で止まりました。
4 我帮你把礼物包＿＿＿吧。　プレゼントを包みましょうか。

　　　　　　　　　　　　　　○ 单词 dāncí　○ 眼前 yǎnqián　○ 包 bāo

3 日本語の意味に合うように語句を並べかえてみましょう。

1 教室は静かになってきました。
安静 ānjìng ／ 教室里 ／ 了 ／ 下来 ／ 。

2 私は（彼のしゃべりかたから）彼が外国人とはわかりませんでした。
我 ／ 没 ／ 是 ／ 他 ／ 外国人 ／ 听出来 ／ 。

3 この料理は食べてみると本当においしいですね。
这个 ／ 味道 ／ 真 ／ 吃起来 ／ 不错 ／ 菜 ／ 。

4 彼は私を見ると、突然笑い出しました。
他 ／ 我 ／ 看着 ／ ，／ 突然 ／ 起来 ／ 笑了 ／ 。

第44課 この本、読んでわかりますか

結果補語と方向補語が可能補語に変身！

動詞と結果補語・方向補語の間に"得"／"不"を割り込ませると可能補語に変身し、「できるか」「できないか」を表します。

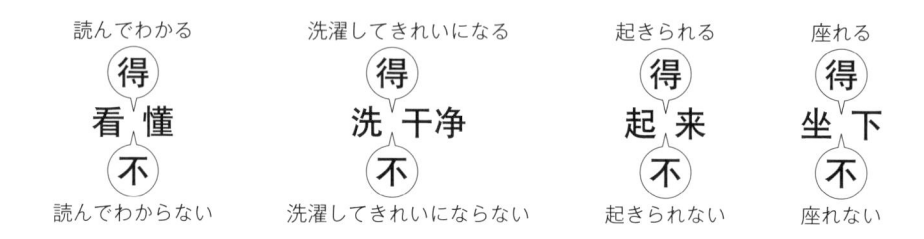

読んでわかる　　　　　洗濯してきれいになる　　　起きられる　　　　座れる

看 得 懂　　　　　　　洗 得 干净　　　　　　　　起 得 来　　　　　坐 得 下
看 不 懂　　　　　　　洗 不 干净　　　　　　　　起 不 来　　　　　坐 不 下

読んでわからない　　　洗濯してきれいにならない　起きられない　　　座れない

这本书你**看得懂**吗？ Zhè běn shū nǐ kàndedǒng ma?
　この本、読んでわかりますか。

── 我**看不懂**。Wǒ kànbudǒng.　私は読んでわかりません。

窗户的玻璃太脏，**擦**也**擦不干净**。Chuānghu de bōli tài zāng, cā yě cābugānjìng.
　窓ガラスはひどく汚くて、拭いてもきれいになりません。

你明天早上五点**起得来起不来**？ Nǐ míngtiān zǎoshang wǔ diǎn qǐdelái qǐbulái?
　明朝5時に起きられますか。

── 我当然**起得来**。Wǒ dāngrán qǐdelái.　もちろん起きられます。

这儿**坐不下**那么多人。Zhèr zuòbuxià nàme duō rén.
　ここにはそんなたくさんの人は座れません。

◆一見まぎらわしい可能補語と様態補語の違いを、比較して確認しましょう。

可能補語	VS.	様態補語
讲得清楚 はっきり話せる	肯定文	讲得很清楚／讲得最清楚 話しかたがはっきりしている／ 話しかたが一番はっきりしている
讲不清楚 はっきり話せない	否定文	讲得不清楚 話しかたがはっきりしていない
讲得清楚讲不清楚？ はっきり話せるか	反復疑問文	讲得清楚不清楚？ 話しかたがはっきりしているか

1 ピンインを漢字に直し、訳してみましょう。

1 Wǒ hái kànbudǒng Zhōngwén xiǎoshuō.　→

2 Tā shuō de Yīngyǔ nǐ tīngdedǒng ma?　→

3 Zhè liàng chē zuòbuxià shí ge rén.　→

4 Wǒ měitiān zǎoshang dōu qǐbulái.　→

2 右側の日本語に合うように空欄を埋めてみましょう。

1 明天六点的飞机，你（　　　　　）吗?
明日は6時の飛行機ですが、あなたは起きられますか。

2 我（　　　　　）上海话。
私は上海語を聞いてもわかりません。　●上海话 Shànghǎihuà

3 字太小了，我（　　　　　）。 字が小さすぎて、はっきり見えません。

4 你大点儿声说，我（　　　　　）。
もう少し大きな声で話して、私ははっきり聞こえません。

3 日本語の意味に合うように語句を並べかえてみましょう。

1 この教室は50人座れますか?
教室／坐得下／这个／吗／五十个人／?

2 この服は汚れすぎていて、洗ってもきれいになりません。
太／了／这件／脏／，／衣服／洗不干净／。

3 黒板の字が私ははっきり見えません。
我／黑板 hēibǎn 上／字／的／看不清楚／。

4 こんなに難しい問題、あなたははっきりと説明できますか。
难／的／、／你／这么／问题／吗／讲得清楚／?

第45課 こんな高い服は買えません！

否定形を用いることのほうが多い可能補語

可能補語は"不"が割り込む否定形を用いることのほうが圧倒的に多く、"得"が割り込む肯定形は疑問文で使われます。

（お金があって）　　（モノがあって）
買える　　　　　　食べられる　　　　覚えておける　　　忘れられる

买 [得] 起　　　　吃 [得] 到　　　　记 [得] 住　　　　忘 [得] 了 liǎo
买 [不] 起　　　　吃 [不] 到　　　　记 [不] 住　　　　忘 [不] 了

（お金がなくて）　　（モノがなくて）　　覚えておけない　　忘れられない
買えない　　　　　食べられない

这么贵的衣服，我**买不起**！　Zhème guì de yīfu, wǒ mǎibuqǐ !
　こんな高い服は買えません！

在中国也**吃得到**生鱼片吗？　Zài Zhōngguó yě chīdedào shēngyúpiàn ma ?
　中国でも刺身は食べられるの？

第四十五课生词太多，我**记不住**！　Dì sìshíwǔ kè shēngcí tài duō, wǒ jìbuzhù !
　第45課は新出単語が多すぎて、覚えられない！

我们永远也**忘不了** 2011年3月11日这一天。
Wǒmen yǒngyuǎn yě wàngbuliǎo èr líng yī yī nián sān yuè shíyī rì zhè yì tiān.
　私たちは永遠に2011年3月11日という日を忘れられません。

　　※この"了 liǎo"は"動詞 得了／動詞 不了"という可能補語の形で使われるだけで、"忘了 liǎo"という形はありません。

◆以下の可能補語は熟語として覚えておきましょう。

对得起 duìdeqǐ　申し訳が立つ	⇔	对不起 duìbuqǐ　申し訳ない
看得起 kàndeqǐ　尊敬する	⇔	看不起 kànbuqǐ　見下げる、馬鹿にする
想得到 xiǎngdedào　予想できる	⇔	想不到 xiǎngbudào　思いもよらない
受得了 shòudeliǎo　耐えきれる	⇔	受不了 shòubuliǎo　耐えきれない
吃得了 chīdeliǎo　食べきれる	⇔	吃不了 chībuliǎo　食べきれない
喝得了 hēdeliǎo　飲みきれる	⇔	喝不了 hēbuliǎo　飲みきれない
来得及 láidejí　時間的に間に合う	⇔	来不及 láibují　時間的に間に合わない
差得多 chàdeduō　大変違う	⇔	差不多 chàbuduō　大差がない

1 ピンインを漢字に直し、訳してみましょう。

1 Zài Měiguó kànbudào zhège diànyǐng. →

2 Zhèli tài rè le, wǒ shòubuliǎo. →

3 Kuài zǒu ba, yào láibují le. →

4 Zhème duō rén de míngzi nǐ jìdezhù ma？
→

2 日本語に合うように空欄を埋めてみましょう。

1 现在去，还（　　　　　）吗？　今行けば、まだ間に合いますか。

2 我们年龄（　　　　　）。　私たちの年齢はほとんど同じです。

3 这本书现在已经（　　　　　）了。
　この本は今ではもう手に入れることができません。

4 我怎么也（　　　　　）他。　私はどうしても彼のことが忘れられません。

3 日本語の意味に合うように語句を並べてみましょう。

1 あなたはこんなことをして、お母さんに申し訳が立ちますか。
这么／你妈妈／，／你／做／对得起／吗／？

2 このタイプの携帯電話は高すぎるので、私は買えません。
手机／这款 kuǎn／贵／太／买不起／我／，／。

3 この漢字は難しすぎるので、私は覚えられません。
太难／汉字 Hànzì／这个／，／记不住／我／了／。

4 日本では本場の上海料理を食べられますか。
日本／在／地道的 dìdao de／吃得到／上海菜／吗／？

レストランでの表現

中国では、レストランに入ると店員が以下のようなことばをかけてきます。

欢迎光临！ Huānyíng guānglín！ いらっしゃいませ！
几位？ Jǐ wèi？ 何名様ですか。

"位"というのは人を丁寧に数えるときに使う量詞です。"三位""四位"というように人数に応じて答えます。

メニューを見る：

中国語でメニューは"菜单 càidān"あるいは"菜谱 càipǔ"と言います。では簡単にメニューの見かたを紹介しましょう。

最初にある"冷盘 lěngpán／凉菜 liángcài"は前菜（オードブル）のことです。"热菜 rècài"はそのものずばり温かい料理、"汤 tāng"はスープ、"主食 zhǔshí"は主食で、中国ではギョウザも主食です。"点心 diǎnxin"は軽食、飲み物は"酒水 jiǔshuǐ／饮料 yǐnliào"と書かれています。

中国ではお冷は出てこないので、ミネラルウォーター（矿泉水 kuàngquánshuǐ）を注文しましょう。

注文をする：

まずは"服务员！"（日本語では「すみません」と言いますが、従業員を意味するこの単語を呼びかけに使えばOKです）と店員さんに呼びかけ、「〜をください」という意味の"要""来"を使って注文します。

服务员，点菜。Fúwùyuán, diǎn cài. すみません、注文します。
我要一个青椒肉丝，二两饺子，再来一瓶啤酒。
Wǒ yào yí ge qīngjiāo ròu sī, èr liǎng jiǎozi, zài lái yì píng píjiǔ.
　チンジャオロースーを1つ、ギョウザを2両（小麦粉100g分に相当）、それからビールを1本ください。
来一杯西瓜汁吧。Lái yì bēi xīguāzhī ba. スイカジュースを1杯ください。
来一壶乌龙茶。Lái yì hú wūlóngchá. ウーロン茶をください。

支払いをする：

服务员，结帐／买单。Fúwùyuán, jiézhàng/mǎidān.
　すみません、お勘定してください。

病院での表現

異国で病気になるとかなり心細いものです。どういう症状であるかぐらいはお医者さんに言えるようにしておきたいものです。

医者から：

你怎么了？ Nǐ zěnme le？ あなたはどうしましたか。
哪儿不舒服？ Nǎr bù shūfu？ どこが悪いのですか。
你哪儿疼？ Nǐ nǎr téng？ どこが痛いのですか。

患者から：

我有点儿恶心。Wǒ yǒudiǎnr ěxin. ちょっと吐き気がします。
我有点儿咳嗽。Wǒ yǒudiǎnr késou. ちょっと咳が出ます。
我有点儿发烧。Wǒ yǒudiǎnr fāshāo. ちょっと熱があります。
我头／肚子／牙／腿／腰有点儿疼。Wǒ tóu/dùzi/yá/tuǐ/yāo yǒudiǎnr téng.
　頭／お腹／歯／足／腰がちょっと痛いです。
我感冒了。Wǒ gǎnmào le. 風邪を引きました。
我拉肚子／泻肚子了。Wǒ lā dùzi/xiè dùzi le. 下痢をしています。
我头晕。Wǒ tóu yūn. めまいがします。

「備えあれば憂いなし（有备无患 yǒu bèi wú huàn）」、旅行・出張・留学の際には海外傷害保険にはちゃんと加入してから行きましょう。

第46課 料理をテーブルに並べてください

🛟 4つの顔を持つ"在"

"在"には動詞・介詞・副詞・補語の4つの働きがあります。どの成分として使われているかは文中での位置が決め手となります。ここでまとめて見てみましょう。

動詞の"在"

| 人・モノ | ＋ 在 ＋ | 場所 | →第10課

这个星期天我**在**家。Zhège xīngqītiān wǒ zài jiā.
　この日曜日私は家にいます。

你的课本**在**我这儿。Nǐ de kèběn zài wǒ zhèr.
　あなたの教科書は私のところにありますよ。

介詞の"在"

| 主語 | ＋ 在 ＋ | 場所 | ＋ 動詞 ＋ | 目的語 | →第11課

妈妈每天都**在**超市买东西。Māma měitiān dōu zài chāoshì mǎi dōngxi.
　母は毎日スーパーで買い物をします。

昨天我**在**电影院看了一个中国电影。
Zuótiān wǒ zài diànyǐngyuàn kànle yí ge Zhōngguó diànyǐng.
　昨日私は映画館で中国映画を見ました。

副詞の"在"

| 主語 | ＋ 在 ＋ | 動詞 | ＋ 目的語 | →第30課

姐姐**在**给朋友打电话。Jiějie zài gěi péngyou dǎ diànhuà.
　姉は友達に電話をかけています。

他没（**在**）上网，他**在**写信呢。Tā méi (zài) shàngwǎng, tā zài xiě xìn ne.
　彼はインターネットを見ているのではなく、手紙を書いているところです。

補語の"在"

| 動詞 | ＋ 在 ＋ | 場所 | →第38課

我喜欢躺**在**沙发上看电视。Wǒ xǐhuan tǎngzài shāfāshang kàn diànshì.
　私はソファに寝転んでテレビを見るが好きです。

请把这些菜摆**在**桌子上。Qǐng bǎ zhèxiē cài bǎizài zhuōzishang.
　これらの料理をテーブルに並べてください。

1 ピンインを漢字に直し、訳してみましょう。

1 Wǒ gēge zài Měiguó. →

2 Dìdi zài shuìjiào ne. →

3 Wǒmen zhōngwǔ zài shítáng chī fàn. →

4 Wǒ jīngcháng tǎngzài chuángshang kàn shū.
→

2 日本語の意味に合うように語句を並べかえてみましょう。

1 あなたの本は全て私のところにあります。
都 / 你的 / 我 / 书 / 在 / 这儿 / 呢 / 。

2 ビールを冷蔵庫に入れてください。
把 / 放在 / 冰箱里 / 啤酒 / 你 / 。

3 彼女は誰に電話をしているのですか。
谁 / 在 / 给 / 她 / 呢 / 打电话 / ？

4 私はインターネットで一部屋予約しました。
网 wǎng 上 / 我 / 预订 yùdìng / 一个 / 了 / 房间 / 在 / 。

3 中国語に訳してみましょう。

1 父は銀行で働いています。

2 彼はお風呂に入っているところです。

3 車をどこに停めましたか。

4 王先生のお宅はどこにありますか。

5 母はテレビを見ています。

第47課 私は手紙の内容を知りません

◎ "的／得／地" 発音は同じでも役割は大違い

"的／得／地"の3つは全て"de"と発音しますが、それぞれの役割はまったく違うので、しっかり整理しておきましょう。

❶ "的"は修飾語と名詞をくっつけます。

|名詞／動詞／形容詞／フレーズ| ＋ 的 ＋ |名詞|

我不知道信的内容。Wǒ bù zhīdào xìn de nèiróng.
　私は手紙の内容を知りません。

昨天看的电视剧很有意思。Zuótiān kàn de diànshìjù hěn yǒuyìsi.
　昨日見たテレビドラマはとてもおもしろかったわ。

她有一双大大的眼睛。Tā yǒu yì shuāng dàdà de yǎnjing.
　彼女は大きな目をしています。

　※1音節の形容詞を重ねることで、より生き生きとした描写になります。

他对我的想法有意见。Tā duì wǒ de xiǎngfǎ yǒu yìjiàn.
　彼は私の考えかたに不満があります。

❷ "得"は動詞と形容詞／フレーズをくっつけます。

|動詞| ＋ 得 ＋ |形容詞／フレーズ|　　　　→第33課 様態補語

她长得非常漂亮。Tā zhǎngde fēicháng piàoliang.　彼女は非常にきれいです。

小王跳舞跳得特别棒。Xiǎo-Wáng tiàowǔ tiàode tèbié bàng.
　王くんはダンスが特にうまいです。

❸ "地"は修飾語と動詞／形容詞をくっつけます。

|副詞／形容詞／名詞| ＋ 地 ＋ |動詞／形容詞|

你要好好儿(地)学习。Nǐ yào hǎohāor (de) xuéxí.
　あなたはしっかり勉強しなければいけません。

学生们正在认真地听课。Xuéshēngmen zhèngzài rènzhēn de tīngkè.
　学生たちは真剣に授業を受けています。

他一句一句地念下去。Tā yí jù yí jù de niànxiàqu.
　彼は一句一句読みつづけました。

1 ピンインを漢字に直し、訳してみましょう。

1 Nǐ hǎohāor de xiǎngxiang ba. →

2 Tā chē kāide zěnmeyàng? →

3 Nǐ zuótiān kàn de diànyǐng yǒuyìsi ma?
 →

4 Wǒ chūmén shí, mèimei zhèngzài rènzhēn de xiě zuòyè ne.
 →

2 空欄を埋めるのに最も適切なものを選びましょう。

1 她妈妈热情（　　　）招待了我们。　　　①的　②得　③地

2 老师说（　　　）话你都听懂了吗?　　　①地　②得　③的

3 你钢琴弹（　　　）比我好。　　　　　　①的　②得　③地

4 同学们都在认真（　　　）复习功课。　　①地　②得　③的

5 我们音乐老师高高（　　　）个子，长长（　　　）头发，大大（　　　）
眼睛，真是漂亮极了。　　　　　　　　　①得　②的　③地

○ 招待 zhāodài　○ 复习 fùxí　○ 功课 gōngkè　○ 头发 tóufa

3 中国語に訳してみましょう。

1 ちゃんと書きなさい。

2 彼は走るのが一番速いです。

3 母が作った料理はとてもおいしいです。

4 ちょっと簡単に紹介します。　○ 简单 jiǎndān　○ 介绍 jièshào

5 父は昨日寝るのが非常に遅かったです。

第48課 交通ルールを守らなければいけません

「～すべきだ」は3つの助動詞を使い分ける

「～すべきだ」という意味を表す助動詞には"应该""得 děi""要"の3つがあります。

大まかな使い分けとしては、"应该"は道理や常識から判断して当然そうすべきだという場合に、"得 děi"と"要"は義務や必要上からそうすべきだという場合に使います。

否定は"不应该"(～すべきではない)、または"不用／不必"(～する必要はない、～するには及ばない) となります。

我们**应该**遵守交通规则。Wǒmen yīnggāi zūnshǒu jiāotōng guīzé.
　私たちは交通ルールを守らなければいけません。

这件事你就**不应该**告诉他。Zhè jiàn shì nǐ jiù bù yīnggāi gàosu tā.
　このことは彼に言うべきではないね。

你**不应该**总迟到。Nǐ bù yīnggāi zǒng chídào.
　しょっちゅう遅刻すべきではないよ。

要学好汉语，就**得**先学好发音。Yào xuéhǎo Hànyǔ, jiù děi xiān xuéhǎo fāyīn.
　中国語をマスターしたければ、まず発音をちゃんとマスターしなければいけません。

我明天**要**去图书馆还书。Wǒ míngtiān yào qù túshūguǎn huán shū.
　私は明日図書館に本を返却に行かなければいけません。

考题不难，大家**不用**紧张。Kǎotí bù nán, dàjiā búyòng jǐnzhāng.
　試験問題は難しくないので、みんな緊張する必要はありません。

慢慢儿吃，**不必**着急。Mànmānr chī, búbì zháojí.
　ゆっくり食べてください、慌てるには及びません。

◆介詞フレーズがある場合は［助動詞＋介詞フレーズ＋動詞］の順番に並べます。

你**应该**按医生说的去做。Nǐ yīnggāi àn yīshēng shuō de qù zuò.
　あなたはお医者さんの言ったとおりしなければいけませんよ。

1 ピンインを漢字に直し、訳してみましょう。

1　Wǒ děi xiān bǎ zuòyè xiěwán.　→

2　Shuō wàiyǔ shí búbì jǐnzhāng.　→

3　Shàngkè shí, bù yīnggāi wánr diànzǐ yóuxì.
　→

2 日本語の意味に合うように語句を並べかえてみましょう。

1　私たちはみんな彼に学ばなければなりません。
　要／我们／他／向／都／学习／。

2　まだ時間があるので、焦らなくていいですよ。
　不用／有／还／时间／，／着急／。

3　風邪を引いたときはたくさんお湯を飲まなければいけません。
　多／要／的／喝／感冒 gǎnmào／开水 kāishuǐ／时候／。

4　あなたはまずご両親とちょっと相談しなければいけません。
　先／你／一下／应该／父母／跟／商量／。

3 中国語に訳してみましょう。

1　私は土曜日は出勤しなくてもいいです。

2　銀行に一度行ってこなければなりません。

3　あなたは日曜日も学校に行かなければいけませんか。

4　疲れすぎているので、まず休まなければいけません。

第49課 午後はきっと図書館にいるでしょう

🛟 "会""要""得"のもう一つの顔

助動詞 "会""要""得" には「～だろう」「～のはずだ」「～にちがいない」という可能性を表す意味もあります。"会" よりも "要""得" のほうが可能性は高くなります。

否定の「～のはずはない」はどれも "不会" となります。

また "会…的""要…的" という形もよく使われます。

她下午一定**会**在图书馆**的**。Tā xiàwǔ yídìng huì zài túshūguǎn de.
彼女は午後きっと図書館にいるでしょう。

这儿太贵了，在那儿买**要**便宜一些。Zhèr tài guì le, zài nàr mǎi yào piányi yìxiē.
ここは高すぎるので、あそこで買うと少し安いはずです。

她到晚上十点一定**得**回来。Tā dào wǎnshang shí diǎn yídìng děi huílai.
彼女は夜10時までに必ず戻ってくるにちがいありません。

我不相信她**会**说那种话。Wǒ bù xiāngxìn tā huì shuō nà zhǒng huà.
彼女がそのような話をするなんて私は信じません。

这么重要的考试，他**得**来参加。Zhème zhòngyào de kǎoshì, tā děi lái cānjiā.
こんなにも重要な試験だから、彼は受けに来るはずです。

你不给她打电话，她又**得**不高兴了。
Nǐ bù gěi tā dǎ diànhuà, tā yòu děi bù gāoxìng le.
彼女に電話をしないと、彼女はまた不機嫌になるでしょう。

他非常喜欢看书，逛书店**不会不**买书的。
Tā fēicháng xǐhuan kàn shū, guàng shūdiàn bú huì bù mǎi shū de.
彼は非常に本を読むのが好きだから、書店をぶらつけば本をきっと買うはずです。

※上の文は否定の "不" を2回使っている二重否定です。否定の否定は肯定（マイナス×マイナス＝プラス）ということで、「買わないはずはない」つまり「きっと買うはずだ」という訳になります。

刀不磨**要**生锈，人不学**要**落后。Dāo bù mó yào shēngxiù, rén bù xué yào luòhòu.
刃物は磨かなければ錆び、人は学ばなければ遅れをとるだろう。

1 ピンインを漢字に直し、訳してみましょう。

1 Tā bú huì zài túshūguǎn de. → ....

2 Xiǎo-Liú děi qù liúxué. → ....

3 Tā bú huì bù lái kàn wǒmen de. → ....

4 Tā míngtiān yídìng huì cānjiā de. → ....

2 空欄を埋めるのに最も適切なものを選びましょう。

1 她一定（　　　　）考上的。　彼女はきっと合格するでしょう。
　①喜欢　　②会　　③想　　④愿意

2 她一定（　　　　）回来，她的包还在这儿呢。
　彼女は帰ってくるに違いありません、鞄がまだここにありますから。　　○包 bāo
　①非　　②得　　③又　　④不

3 看样子今天（　　　　）下雨。　見たところ今日は雨が降りそうです。
　①可以　　②要　　③想　　④愿意

4 爸爸（　　　　）原谅我们的。　父は私たちを許してくれるはずです。
　①是　　②不会　　③不再　　④会　　○原谅 yuánliàng

5 他那么喜欢踢足球，足球比赛他不（　　　　）不参加的。
　彼はあんなにもサッカーが好きだから、試合に参加するはずです。　○踢足球 tī zúqiú
　①得　　②要　　③会　　④行　　○比赛 bǐsài

3 日本語の意味に合うように語句を並べかえてみましょう。

1 彼はきっと来るはずです。
　他 / 的 / 会 / 来 / 一定 / 。

2 早く行かないと、また遅れるに違いありません。
　不 / 又 / ， / 迟到 / 得 / 了 / 快走 / 。

3 宿題を提出しないと、先生はまた私たちを叱るでしょう。
　作业 / ， / 老师 / 不交 / 又 / 批评 / 要 / 我们 / 了 / 。

第50課 話をしないで！

🛟 "不要""别"は禁止を表す

「～するな」「～しないで」と現在行われている事柄や将来に予定されている事柄に対して禁止や制止を表すには"不要""别 bié"を使います。"不能"にも「～してはいけない」という禁止の意味があります。

さらに強調したい場合には副詞の"千万 qiānwàn"（絶対に、必ず）を"不要""别"の前に置きましょう。

"不要"と"别"は互いに交換が可能ですが、"别"のほうがより口語的です。

不要说话！／**别**说话！　Búyào shuōhuà！／Bié shuōhuà！
話をしないで！

我们还没商量好，你**不能**走。Wǒmen hái méi shāngliánghǎo, nǐ bùnéng zǒu.
私たちはまだちゃんと相談してないから、あなたは帰ってはいけません。

千万**不要**忘了给我打电话！　Qiānwàn búyào wàngle gěi wǒ dǎ diànhuà！
絶対私に電話をするのを忘れないで！

千万**别**担心我！　Qiānwàn bié dānxīn wǒ！
私のことはくれぐれも心配しないで！

禁止の語気を強める"了"のついた"别…了""不要…了"という形もあります。

你已经喝光了一瓶威士忌，**别**再喝**了**。
Nǐ yǐjīng hēguāngle yì píng wēishìjì, bié zài hē le.
すでに1本ウイスキーを飲み干したのだから、もう飲まないで。
※この文の"光"は結果補語で、「少しも残っていない、何もない」という意味です。

不要再哭**了**。Búyào zài kū le.
もう泣かないで。

1 ピンインを漢字に直し、訳してみましょう。

1 Míngtiān dàjiā qiānwàn bùnéng chídào. →

2 Shàngkè de shíhou búyào shuìjiào. →

3 Nǐ hēde tài duō le, bié zài hē le. →

4 Bié wàngle gěi māma dǎ diànhuà. →

2 日本語の意味に合うように語句を並べかえてみましょう。

1 絶対にパスポートを持ってくるのを忘れないで！
带 / 千万 / 不要 / 护照 / 忘了 / 。

2 もう9時なので、起きましょう（寝るのをやめましょう）。
别 / 了 / 已经 / 了 / 九点 ，/ 睡 / 。

3 自分で考えなさい、人に聞かないで。
自己 zìjǐ / 别 / 想 / 别人 ， / 问 / 。

4 あなたはお酒を飲んだので、運転をしてはいけません。
不能 / 你 / 开车 ， / 喝酒 / 了 / 。

5 図書館では物を食べたり、携帯電話をかけたりしてはいけません。
手机 / 不能 / 吃 / 图书馆里 / 打 / 东西 / 、 / 。

3 中国語に訳してみましょう。

1 授業中しゃべってはいけません。

2 ずーっとテレビを見るのはいけません。

3 笑うのをやめて！

4 私のことは心配しないで！

5 電車の中では携帯電話をかけてはいけません。

第51課 あなたに夕食をごちそうします

兼語とは目的語と主語を兼ねるということ

下の例文の"你"という単語に注目してください。

前半部分では"你"は目的語であり、後半部分では主語となっています。このように一つの単語が目的語と主語の役割をしていることから、この単語（この例文では"你"）を兼語と言い、このような構造になっている文を兼語文と呼びます。

私が あなたに ごちそうする

我 请 你 吃 晚饭。

あなたが 夕食を食べる

私はあなたに
夕食をごちそうします。

このあと第52課で学ぶ使役文も兼語文の仲間です。

我想请你听周杰伦的音乐会。Wǒ xiǎng qǐng nǐ tīng Zhōu Jiélún de yīnyuèhuì.
　私はあなたをジェイ・チョウのコンサートに誘いたいんだけど。

我送你到车站吧。Wǒ sòng nǐ dào chēzhàn ba.
　あなたを駅まで送りましょう。

公司打算派她去美国。Gōngsī dǎsuàn pài tā qù Měiguó.
　会社は彼女をアメリカに派遣するつもりです。

医生劝我多吃蔬菜。Yīshēng quàn wǒ duō chī shūcài.
　医者は私にたくさん野菜を食べるように勧めました。

我丈夫不帮我做家务。Wǒ zhàngfu bù bāng wǒ zuò jiāwù.
　私の夫は家事を手伝ってくれません（←私を助けて家事をしてくれません）。

爸爸求我去给他买啤酒。Bàba qiú wǒ qù gěi tā mǎi píjiǔ.
　父は私に（彼のために）ビールを買いに行くよう頼みました。

非常感谢你们来看我。Fēicháng gǎnxiè nǐmen lái kàn wǒ.
　私に会いに来てくれて本当にありがとう。

我托朋友买了一张火车票。Wǒ tuō péngyou mǎile yì zhāng huǒchēpiào.
　私は友達に頼んで汽車の切符を買ってもらいました。

1 ピンインを漢字に直し、訳してみましょう。

1 Wǒ míngtiān qǐng nǐ chī Běijīng kǎoyā. →

2 Xuéxiào pài tā qù Xiānggǎng chūchāi. →

3 Péngyou qiú wǒ gěi tā mǎi Hànyǔshū. →

4 Māma pīpíng dìdi xuéxí bú rènzhēn. →

2 適切なものを選んで空欄に入れ、日本語に訳しましょう。

1 朋友明天（　　　　）我看京剧。　　　①感谢　②请　③喜欢　④告诉
2 妈妈（　　　　）爸爸少抽烟。　　　　①劝　②派　③送　④选
3 我非常（　　　　）你们这么帮助我。　①选　②感谢　③劝　④派
4 他（　　　　）我给他父母带一些茶叶。①托　②送　③说　④寄

○ 选 xuǎn　　○ 帮助 bāngzhù　　○ 茶叶 cháyè　　○ 寄 jì

3 日本語の意味に合うように語句を並べかえてみましょう。

1 彼はよく私たちに中華料理をごちそうしてくれます。
常常／他／我们／请／中国菜／吃／。

2 私たちはみな彼をクラス委員長に推薦します。
都／选／我们／当 dāng／他／班长 bānzhǎng／。

3 彼は私に彼の切符を買いに行くように頼みました。
他／求／去／我／买票／给／他／。

4 先生は小林さんを勤勉であるとほめました。
表扬 biǎoyáng／老师／小林／认真／学习／。

129

第52課 両親は私を留学に行かせてくれません

Aが命令する人、Bが実行する人

人に何かをさせるときには、以下のように主語の位置にくる人Aが、使役動詞"让／叫／使"の後ろにくる人Bに命令し、その後にさせる内容が続きます。

```
A +（不／没）+ 让／叫／使 + B + 動詞＋目的語
                              ↑
                        Bにさせる行為

AはBに～させる／～するように言う
AはBに～させない／～しないように言う
```

否定を表す"不／没"・副詞・助動詞は使役動詞の前に置きます。
"让／叫／使"の大まかな使い分けとしては、"让"はBのしたいようにさせる、"叫"は上から言いつけて何かをさせる、"使"はある事柄によって、喜ぶ・悲しむといった心理的活動や健康であるといった抽象的な状態を引き起こす場合に使います。

父母**不让**我去中国留学。Fùmǔ bú ràng wǒ qù Zhōngguó liúxué.
　　両親は私を中国留学に行かせてくれません（行かないように言います）。

老师每节课都**叫**我们念课文。Lǎoshī měi jié kè dōu jiào wǒmen niàn kèwén.
　　先生は毎回の授業で教科書の本文を音読させます（音読するようにおっしゃいます）。

他去世的消息**使**大家感到很悲伤。Tā qùshì de xiāoxi shǐ dàjiā gǎndào hěn bēishāng.
　　彼が亡くなったという知らせはみんなを悲しませた。

运动能**使**人健康。Yùndòng néng shǐ rén jiànkāng.
　　運動は人を健康にする。

妈妈只**让**我玩儿一个小时电子游戏。
Māma zhǐ ràng wǒ wánr yí ge xiǎoshí diànzǐ yóuxì.
　　母は私に1時間しかゲームをさせてくれません。

主語のない"让我～""让我们～"という言いかたは願望や呼びかけを表します。

让我过去。Ràng wǒ guòqu.
　　（私を）通してください。

让我们做得更好！ Ràng wǒmen zuòde gèng hǎo!
　　私たちはもっとうまくやろう！

1 ピンインを漢字に直し、訳してみましょう。

1 Nǐ bàba ràng nǐ dǎgōng ma？ →

2 Lǎoshī jiào wǒmen niàn kèwén. →

3 Yīshēng ràng wǒ duō xiūxi. →

4 Ràng wǒmen yìqǐ nǔlì ba. →

2 日本語の意味に合うように語句を並べかえてみましょう。

1 両親は私に一人暮らしをさせてくれません。
让／一个人／父母／不／住／我／。

2 私にちょっとやらせてください。
试／我／让／一／试／。

3 会社はまた私にアメリカ出張に行くよう言います。
让／出差／美国／去／公司／我／又／。

4 父は私に彼と結婚しないように言います。
让／不／我爸爸／跟／我／他／结婚／。

3 中国語に訳してみましょう。

1 両親は子供にタバコを吸わせません。

2 電話をして彼に来るように言いましょう。

3 母は私にインターネットを使わせてくれません。

4 彼の話は私たちを<u>感動</u>させました。　●感动 gǎndòng

5 すみません、<u>長らく</u>お待たせしました。　●久 jiǔ

第53課 先生に叱られました

動作主は"被"の後ろに

受身を表す文では、主語の位置にあるものが動作の受け手で、"被"の後ろにくるのが動作をする人です。口語では"叫""让"も使われます。"叫""让"は必ず動作をする人が必要なので、誰がしたのかわからないときや言いたくないときは"被"を使いましょう。また動詞には結果補語など何らかの +α の成分が必要となります。

肯定

主語 ＋（助動詞／副詞）＋ 被／叫／让 ＋ 人／モノ ＋ 動詞 ＋α。
～は   ～される   ～によって   ～する

否定

主語 ＋（助動詞／副詞）＋ 没 ＋ 被／叫／让 ＋ 人／モノ ＋ 動詞 ＋α。
～は   ～されない／されなかった ～によって ～する

我被／叫／让老师批评了一顿。Wǒ bèi/jiào/ràng lǎoshī pīpíngle yí dùn.
　私は先生に叱られました。

她被／叫／让汽车撞倒了。Tā bèi/jiào/ràng qìchē zhuàngdǎo le.
　彼女は車にぶつけられました。

我也被／叫／让蚊子咬了。Wǒ yě bèi/jiào/ràng wénzi yǎo le.
　私も蚊に咬まれました。

我深深地被那本书感动了。Wǒ shēnshēnde bèi nà běn shū gǎndòng le.
　私は深くその本に感動しました。

我的自行车没被／叫／让小偷偷走。
Wǒ de zìxíngchē méi bèi/jiào/ràng xiǎotōu tōuzǒu.
　私の自転車は泥棒に盗まれませんでした。

手机没被弄丢，叫我忘在家里了。
Shǒujī méi bèi nòngdiū, jiào wǒ wàngzài jiāli le.
　携帯電話はなくしたのではなく、家に忘れてきました（←私によって家に忘れられました）。

1 ピンインを漢字に直し、訳してみましょう。

1 Nàge miànbāo bèi mèimei chī le. →

2 Zìxíngchē jiào bàba qízǒu le. →

3 Wǒ de qiánbāo méi bèi tōuzǒu. →

4 Wǒ shēnshēnde bèi tā de huà gǎndòngzhe.
→

2 日本語の意味に合うように語句を並べかえてみましょう。

1 私のパソコンは兄に壊されました。
哥哥／让／了／弄坏／电脑／我的／。

2 私のゲーム機はまたお母さんに持って行かれました。
我的／叫／又／了／妈妈／拿走／游戏机／。

3 田中さんはこれまで先生に叱られたことがありません。
从来／田中／被／老师／过／没／批评／。

4 私の服は子供に汚されてしまいました。
我的／孩子／被／衣服／了／弄脏 nòngzāng ／。

3 "被" を使って中国語に訳してみましょう。

1 ケーキはまた妹に食べられました。　　◎ 蛋糕 dàngāo

2 彼は車にぶつけられませんでした。

3 鍵を会社に忘れてしまいました。

4 あの本は友達に借りて行かれました。

5 私の車は昨日姉に乗って行かれました。

133

ホテルでの表現

中国のホテルは国家旅游局によってランク付けがされていて、5星級が最高で、星の数が減るごとにランクが下がります。ホテルを選ぶときの参考にしましょう。

では、ホテルの予約からチェックアウトまでの流れを見ていきましょう。

部屋を予約する：

「予約する」という動詞は"订 dìng"あるいは"预订 yùdìng"です。部屋の予約以外にチケット・レストランでの席の予約などにも使えます。

"住 zhù"という単語は、"我住在京都。Wǒ zhùzài Jīngdū.（私は京都に住んでいます）"のように「居住する」という意味のほか、ホテルに「宿泊する」という意味にも使います。

请问，有没有房间？　Qǐngwèn, yǒu mei yǒu fángjiān？
　すみません、部屋はありますか。
我想订一个房间。Wǒ xiǎng dìng yí ge fángjiān.
　一部屋予約したいのですが。
有单人间／双人间吗？　Yǒu dānrénjiān/shuāngrénjiān ma？
　シングルルーム／ツインルームはありますか。
我要住两天。Wǒ yào zhù liǎng tiān.
　2泊したいのですが。

チェックインする：

中国ではチェックインのときにパスポートのコピーを取られ、デポジット（押金 yājīn）を支払うのが一般的です。チェックインは以下のような流れです。

有身份证吗？　Yǒu shēnfènzhèng ma？
　身分証明書はお持ちですか。
请填一下住宿登记表。Qǐng tián yíxià zhùsù dēngjìbiǎo.
　宿泊用紙のご記入をお願いします。
请先付1000元押金吧。Qǐng xiān fù yìqiān yuán yājīn ba.
　先に1000元のデポジットをお支払いください。
您用信用卡结帐还是用现金结帐？
Nín yòng xìnyòngkǎ jiézhàng háishi yòng xiànjīn jiézhàng？
　お支払はクレジットカードですか、それとも現金ですか。

请在这儿签个字。Qǐng zài zhèr qiān ge zì.
　　ここにサインをお願いします。
这是您的房（间）卡。Zhè shì nín de fáng(jiān) kǎ.
　　こちらは部屋のカードキーです。

以下のような表現も覚えておくと便利です。

早餐在哪儿，几点开始？ Zǎocān zài nǎr, jǐ diǎn kāishǐ?
　　朝食はどこで、何時からですか。
在房间里能上网吗？ Zài fángjiānli néng shàngwǎng ma?
　　部屋でインターネットに接続できますか。
厕所／电视机／空调坏了，请给我修一下。
Cèsuǒ/diànshìjī/kōngtiáo huài le, qǐng gěi wǒ xiū yíxià.
　　トイレ／テレビ／エアコンが壊れました。ちょっと修理をしてください。
洗手间的淋浴没有热水。Xǐshǒujiān de línyù méi yǒu rèshuǐ.
　　シャワーのお湯が出ません。
我把房卡忘在房间里了，麻烦你帮我开一下门，好吗？
Wǒ bǎ fángkǎ wàngzài fángjiānli le, máfan nǐ bāng wǒ kāi yíxià mén, hǎo ma?
　　ルームキーを部屋に忘れてしまったので、ドアを開けてもらえませんか。

　中国のトイレでは故障の原因となるので、便器にトイレットペーパーを流すことができません。ついつい習慣で流してしまうのですが、トイレットペーパーはトイレ脇に置いてあるゴミ箱に捨てましょう。
　また中国は日本よりも乾燥しているので、寝る前にバスタブに水をはっておいたり、濡れたタオルを椅子にかけておくなどの乾燥対策をするほうがいいでしょう。

チェックアウトする：

　チェックアウトのときには"查房 cháfáng"といって、部屋の備品のチェックをします。石けんなどのアメニティーグッズは持ち帰ってもいいですが、その他の備品の持ち出し、破損は罰金の対象となるので気をつけましょう。

我要退房，请结帐。Wǒ yào tuìfáng, qǐng jiézhàng.
　　チェックアウトしますので、精算をお願いします。

第54課 中国人と同じくらい中国語が上手です

補語の部分は形容詞だけにあらず！

この課では、様態補語のちょっとレベルアップしたものを見ていきましょう。第33課では補語が形容詞の場合を学びましたが、補語の部分には方向補語・可能補語・フレーズもきます。"得"の後ろの補語やその他の部分が長くなっても、その部分が説明しているのは"得"の前にある動詞／形容詞だということを忘れないでください。

主語＋動詞／形容詞＋得＋方向補語／可能補語／その他

听了这个消息，大家都高兴**得**跳了起来。
Tīngle zhège xiāoxi, dàjiā dōu gāoxìngde tiàole qǐlai.
　そのニュースを聞いて、みんなは飛び上がって喜びました。

我听了他的话，气**得**说不出话来。Wǒ tīngle tā de huà, qìde shuōbuchū huà lái.
　私は彼の話を聞いて、怒りのあまりことばが出ませんでした。

她汉语说**得**跟中国人一样好。Tā Hànyǔ shuōde gēn Zhōngguórén yíyàng hǎo.
　彼女は中国人と同じくらい中国語を話すのが上手です。

我难过**得**不知道说什么好。Wǒ nánguòde bù zhīdào shuō shénme hǎo.
　私はつらくて何と言えばいいのかわかりませんでした。

今天晚上的电视剧很有意思，我笑**得**眼泪都流下来了。
Jīntiān wǎnshang de diànshìjù hěn yǒuyìsi, wǒ xiàode yǎnlèi dōu liúxiàlai le.
　今晩のテレビドラマはおもしろくて、私は涙が出るほど笑いました。

小王跑**得**比我快得多。Xiǎo-Wáng pǎode bǐ wǒ kuàide duō.
　王くんは私より走るのがずっと速いです。

1 ピンインを漢字に直し、訳してみましょう。

1 Lǎoshī qìde shuōbuchū huà lái. →

2 Māma xiàode gēn háizi yíyàng. →

3 Tā Rìyǔ shuōde gēn Rìběnrén yíyàng hǎo. →

4 Tīngle tā de huà, wǒmen xiàode yǎnlèi dōu liúxiàlai le.
→

2 日本語の意味に合うように語句を並べかえてみましょう。

1 私たちはみんな悲しくて泣いてしまいました。
难过得／都／哭了／我们／起来／。

2 彼はお父さんにそっくりです。
他／跟／长得／一模一样 yì mú yí yàng／他爸爸／。

3 私たちはうれしくて子供のように歌ったり踊ったりしました。
高兴得／又唱又跳／我们／一样／像 xiàng／孩子／。

4 私は毎日起きるのが母ほど早くないです。
没有／我／早／起得／妈妈／都／每天／。

3 日本語に合うように下線部に適切な中国語を入れましょう。

1 要迟到了，他急得 　　　　　　　　　　。
遅刻しそうなので、彼は焦って走り出しました。

2 我们都感动得 　　　　　　　　　　。
私たちはみんな感動のあまりことばが出ませんでした。

3 跑了三公里，我累得都 　　　　　　　　　　。
3キロ走ったので、私は立ち上がれないほど疲れました。

137

第55課 体調が悪いので、仕事に行きたくありません

呼応表現は、まずはこの4パターンを覚えましょう

❶ 因果関係： 因为A，所以B　　Aなので、だからB
❷ 逆接関係： 虽然A，但是B　　Aだけど、しかしB
❸ 条件関係： 如果A，就B　　　もしAなら、Bだ
❹ 譲歩関係： 即使A，也B　　　たとえAでも、Bだ

❶〜❹は接続詞や副詞を呼応させて使う表現です。❶❷ではAという事柄はすでに発生していますが（已然）、❸❹ではAという事柄はまだ発生していません（未然）。

日常会話ではこれらの接続詞や副詞を言わない場合も多いので、前後の文の意味のつながりを推測できる力をつけておかないといけません。

因为身体不舒服，**所以**我不想去上班了。
Yīnwèi shēntǐ bù shūfu, suǒyǐ wǒ bù xiǎng qù shàngbān le.
　体調が悪いので、仕事に行きたくありません。

虽然身体不舒服，**但是**我还得去上班。
Suīrán shēntǐ bù shūfu, dànshì wǒ hái děi qù shàngbān.
　体調が悪いけれど、やはり仕事に行かなければいけません。

如果身体不舒服，你**就**不用去上班了。
Rúguǒ shēntǐ bù shūfu, nǐ jiù búyòng qù shàngbān le.
　もし体調が悪ければ、仕事に行かなくてもいいですよ。

即使身体不舒服，你**也**要去上班。Jíshǐ shēntǐ bù shūfu, nǐ yě yào qù shàngbān.
　たとえ体調が悪くても、仕事に行かなければいけません。

因为没买到机票，**所以**我只好坐火车去了。
Yīnwèi méi mǎidào jīpiào, suǒyǐ wǒ zhǐhǎo zuò huǒchē qù le.
　航空券が買えなかったので、私はやむなく列車で行きました。

虽然他不愿意去，**但是**还是得去。Suīrán tā bú yuànyì qù, dànshì háishi děi qù.
　彼は行きたくないけれど、やはり行かなければなりません。

如果你明天没有时间，**就**改天再说吧。
Rúguǒ nǐ míngtiān méi yǒu shíjiān, jiù gǎitiān zài shuō ba.
　明日時間がなければ、日を改めて再度話しましょう。

即使下大雨，我们**也**要出去。Jíshǐ xià dàyǔ, wǒmen yě yào chūqu.
　たとえ大雨が降っても、私たちは出かけなければなりません。

1 ピンインを漢字に直し、訳してみましょう。

1 Yīnwèi nà jiàn yīfu tài guì, suǒyǐ wǒ méi mǎi.
→

2 Jíshǐ bù chīfàn, wǒ yě yào bǎ gōngzuò zuòwán.
→

3 Rúguǒ bú yuànyì qù, jiù bié qù le. →

2 日本語に合うように、左頁で学んだ4つのパターンの呼応表現を空欄に入れてみましょう。

1 もし時間があれば、うちに遊びに来てください。
（　　　）有时间，（　　　）来我家玩儿吧。

2 今日は大雨が降りましたが、私のクラスの学生はみな遅刻しませんでした。
（　　　）今天雨下得很大，（　　　）我们班同学都没迟到。

3 私の家は学校から近いので、電車に乗るには及びません。
（　　　）我家离学校很近，（　　　）不用坐车。

4 たとえあなたが言わなくても、私はあなたが何を考えているかわかります。
（　　　）你不说，我（　　　）能猜到你在想什么。　　○ 猜 cāi

3 中国語に訳してみましょう。

1 もしお金があるなら、私は海外旅行に行きます。

2 風邪を引いたので、今日は仕事に行きませんでした。

3 たとえ彼が来なくても、私たちは待ち続けなければなりません。

4 彼の家は学校から近いですが、彼はよく遅刻します。

第56課 家に着くとすぐ雨になりました

🛟 そのほかにも呼応表現はいっぱいあります

それぞれ何が呼応するのか、主語や動詞、目的語とどう組み合わせるのかに注意して見ていきましょう。

一~就…「~するとすぐ…」「~するやいなや…」

我**一**到家，天**就**下雨了。Wǒ yí dào jiā, tiān jiù xià yǔ le.
私が家に着くとすぐ雨になりました。

(一)边~(一)边…「~しながら…する」

她**一边**吃零食，**一边**上网。Tā yìbiān chī língshí, yìbiān shàngwǎng.
彼女はおやつを食べながらインターネットを見ます。

除了A以外~都/还…「A以外はみんな…」「A以外に~も…だ」

除了你**以外**，别人**都**会做。Chúle nǐ yǐwài, biéren dōu huì zuò.
あなた以外はみんなできます。

越来越~「だんだん~になる」「ますます~になる」
越A越B「AすればするほどBになる」

爷爷的视力**越来越**差。Yéye de shìlì yuè lái yuè chà.
祖父の視力はますます悪くなっています。

为什么**越**长大**越**觉得时间过得快？
Wèi shénme yuè zhǎngdà yuè juéde shíjiān guòde kuài?
なぜ大きくなればなるほど時間が経つのが早いと感じるのでしょう？

只有~才…「ただ~だけが…」「~してはじめて…」

只有努力学习，**才**能取得好成绩。Zhǐyǒu nǔlì xuéxí, cái néng qǔdé hǎo chéngjì.
努力してはじめて良い成績を取ることができます。

只要~就…「~でさえあれば…」「~しさえすれば…」

只要多看书，知识**就**会丰富起来。
Zhǐyào duō kàn shū, zhīshi jiù huì fēngfùqǐlai.
たくさんの本を読みさえすれば、知識を豊かにできます。

等~再…「~してから…」

外面在下雨，你应该**等**雨停了**再**走。
Wàimiàn zài xià yǔ, nǐ yīnggāi děng yǔ tíngle zài zǒu.
外は雨が降っているから、止んでから行くべきです。

1 ピンインを漢字に直し、訳してみましょう。

1 Bàba yì hē jiǔ, jiù xǐhuan shuōhuà. →

2 Nǐ yuè lái yuè piàoliang le. →

3 Děng nǐ chīwán fàn, wǒmen zài zǒu ba. →

4 Zhǐyào yǒu shíjiān, wǒ jiù qù kàn nǐ. →

2 空欄を埋めるのに最も適切なものを選び、訳してみましょう。

1 (　　　　) 多听、多说、多写、(　　　　) 能学好外语。
　①等～再…　　②一边～一边…　　③只要～就…　　④除了～都…

2 (　　　　) 骑自行车 (　　　　) 打手机太危险。　　○危险 wēixiǎn
　①除了～都…　　②一边～一边…　　③等～再…　　④只要～就…

3 这本书我 (　　　　) 看 (　　　　) 觉得有意思。
　①等～再…　　②虽然～但是…　　③越～越…　　④除了～还…

4 妹妹 (　　　　) 看见蛋糕, (　　　　) 不哭了。
　①一～就…　　②越～越…　　③一边～一边…　　④等～再…

5 (　　　　) 你找到了工作, 咱们 (　　　　) 结婚吧。
　①一～就…　　②只有～才…　　③等～再…　　④越～越…

3 中国語に訳してみましょう。

1 私はよくインターネットを使いながら、音楽を聴きます。

2 私以外、彼らはみな日本人です。

3 努力さえすれば、成功できるはずです。

4 気温がますます高くなっていきます。　　○気温 qìwēn

第57課 食べたいものを食べてね

疑問文にならない疑問詞の使いかたもあります

同じ疑問詞が前後で呼応する文です。慣れるまでちょっとややこしいかもしれませんが、非常に中国語らしい表現方法です。

你想**吃什么**就**吃什么**。

あなたが食べたい何か→その何かを食べる＝食べたいものを食べる

谁先做完，**谁**就先回去吧。Shéi xiān zuòwán, shéi jiù xiān huíqu ba.
　誰かがやり終わる→その誰かが先に帰る
　＝やり終わった人から先に帰ってください。

你想去**哪儿**，我们就去**哪儿**。Nǐ xiǎng qù nǎr, wǒmen jiù qù nǎr.
　あなたが行きたいどこか→私たちはそのどこかに行く
　＝あなたが行きたいところに私たちは行きましょう。

我明天**几**点起床，就**几**点去。Wǒ míngtiān jǐ diǎn qǐchuáng, jiù jǐ diǎn qù.
　私は明日何時かに起きる→その時間に行く
　＝私は明日、起きた時間に行きます。

你要**哪个**，我就给你**哪个**。Nǐ yào nǎge, wǒ jiù gěi nǐ nǎge.
　あなたが欲しい何か→私はその何かをあなたにあげる
　＝あなたが欲しい物を私はあげます。

有**什么样**的父母，就会有**什么样**的孩子。
Yǒu shénmeyàng de fùmǔ, jiù huì yǒu shénmeyàng de háizi.
　どのような両親であるか→そのような子供がいる
　＝この親にしてこの子あり。

1 ピンインを漢字に直し、訳してみましょう。

1 Shéi xiǎng shuō shéi jiù shuō. →

2 Nǐ xǐhuan shénme jiù mǎi shénme ba. →

3 Shéi xiān chīwán shéi jiù xiān zǒu. →

4 Nǐ xiǎng gěi shéi dǎ diànhuà jiù gěi shéi dǎ ba.
→

2 日本語の意味に合うように語句を並べかえてみましょう。

1 お父さんが帰る時間にご飯を食べる。
几点／几点／爸爸／回来／我们／就／吃饭／。

2 子供が欲しがるものを何でも買ってあげてはいけません。
买／孩子／不能／什么／什么／要／给／就／他／，／。

3 あなたのしたいようにしたらいいです。
想／你／就／怎么办 bàn／怎么办／吧／。

4 必要なお金をお母さんが全部くれます。
我／多少钱／需要 xūyào／妈妈／，／给／就／我／多少钱／。

3 呼応する疑問詞を使って、中国語に訳してみましょう。

1 あなたが飲みたいものを飲んでね。
2 仕事があるところに行きます。
3 あるものを食べましょう。
4 言いたいことを言ってね。

中国人の家庭を訪問する

　中国人は"热情好客 rèqíng hàokè"(親切でお客さんをもてなすのが好き)な人が多く、親しくなると自宅に招待してくれることが多いです。
　訪問するときには果物(水果 shuǐguǒ)やお菓子(点心 diǎnxin)などちょっとした手土産を持って行きましょう。
　ワイワイ言いながら一緒に"包饺子 bāo jiǎozi"するのもいいですね。

あいさつをする：

老师、师母好！ Lǎoshī, shīmǔ hǎo !　先生、先生の奥様、こんにちは。
今天打扰／打搅你们了！ Jīntiān dǎrǎo/dǎjiǎo nǐmen le !　今日はお邪魔します。

お土産を渡す：

お土産を渡すときは、次のように言いましょう。

这是我的一点儿心意，请您收下。Zhè shì wǒ de yìdiǎnr xīnyì, qǐng nín shōuxià !
　これは私のほんの気持ちです、どうぞ受け取ってください。

すると相手からは次のようなことばが返ってくるでしょう。

你太客气了，还带礼物干什么？ Nǐ tài kèqi le, hái dài lǐwù gàn shénme ?
　気を遣いすぎですよ、お土産を持ってくるなんて。

食事をする：

まずは乾杯からスタート！

来，为大家的健康干杯！ Lái, wèi dàjiā de jiànkāng gānbēi !
　さあ、私たちの健康のために乾杯しましょう！
来，为我们的友谊干杯！ Lái, wèi wǒmen de yǒuyì gānbēi !
　さあ、私たちの友情のために乾杯しましょう！

ホストはよく次のように料理を勧めてくれます。

没什么好吃的，别客气，像在自己家一样。
Méi shénme hǎochī de, bié kèqi, xiàng zài zìjǐ jiā yíyàng.
　大したものはないけれど、遠慮しないで自分の家にいるようにくつろいで。
吃啊，别客气。Chī a, bié kèqi.
　食べてください、遠慮しないでね。

来，尝尝这个菜，味道怎么样？ Lái, chángchang zhège cài, wèidao zěnmeyàng?
　　さあ、この料理を食べてみて、味はどう？
别客气，想吃什么就吃什么，多吃点儿。
Bié kèqi, xiǎng chī shénme jiù chī shénme, duō chī diǎnr.
　　遠慮しないで、食べたいものを食べて、たくさん食べてね。

そう言われたら料理を褒めましょう。

谢谢，我没客气，吃着呢。Xièxie, wǒ méi kèqi, chīzhe ne.
　　ありがとうございます、遠慮していません、食べています。
师母，您做的菜真好吃。Shīmǔ, nín zuò de cài zhēn hǎochī.
　　先生の奥様の料理は本当においしいです。
我已经吃饱了，吃得很好。Wǒ yǐjīng chībǎo le, chīde hěn hǎo.
　　もう満腹になりました。おいしくいただきました（→ごちそうさま）。

いとまを告げる：

时间不早了，我该回去了。Shíjiān bù zǎo le, wǒ gāi huíqu le.
　　もう遅いので、そろそろ帰ります。
谢谢你们的热情款待。Xièxie nǐmen de rèqíng kuǎndài.
　　心のこもったおもてなしをありがとうございます。
老师、师母、再见！ Lǎoshī, shīmǔ zàijiàn！
　　先生、先生の奥様、さよなら。

ホストは次のように見送ってくれるでしょう。

慢走！ Mànzǒu！　気をつけて帰ってください！
给你父母问好！ Gěi nǐ fùmǔ wènhǎo！　ご両親によろしく！
有时间再来玩儿。Yǒu shíjiān zài lái wánr.
　　時間があれば、また遊びに来てください。

練習問題解答例

第1課
1　1 我是中国人。私は中国人です。　2 这是什么？これは何ですか。　3 那是他／她的汉语词典。それ／あれは彼／彼女の中国語の辞書です。　4 你是不是日本人？あなたは日本人ですか。

2　1 你是医生吗？　2 他是不是司机？　3 这不是我的手机。　4 她是我姐姐。　5 我也不是老师。▶副詞の"也"と"不"を一緒に使うときは"也＋不"の順に。

3　1 那是英语词典。　2 他是谁？　3 你是老师吗？／你是不是老师？　4 我们都是同学。▶副詞"都"は動詞の前に置きます。　5 他不是我男朋友。

第2課
1　1 你们都来吗？あなたたちはみんな来ますか。　2 我们学习汉语。私たちは中国語を勉強します。　3 他／她不去中国。彼／彼女は中国に行きません。　4 你学习什么？あなたは何を勉強しますか。

2　1 你买杂志吗？　2 我喝咖啡。　3 你们吃什么？　4 我们也不吃肉。　5 她不看日本电影。

3　1 我看中国电影。　2 他们来日本吗？／他们来不来日本？　3 她不看电视。　4 我们学习外语。　5 你买手机吗？／你买不买手机？

第3課
1　1 今天很热。今日は暑いです。　2 你姐姐认真吗？あなたのお姉さんはまじめですか。　3 昨天不太冷。昨日はあまり寒くありませんでした。

2　1 这个菜不太辣。　2 今天也很暖和。▶"也"は程度副詞"很"の前に置きます。　3 她的房间非常干净。　4 爸爸、妈妈都很高兴。▶述語となる［副詞＋形容詞］の前に"都"を置きます。　5 这个超市的东西最便宜。

3　1 我很忙。▶比較・対比を表しているわけではないので、形容詞の前に"很"が必要です。　2 那件衣服非常大。　3 我的房间不太大。　4 这个菜好吃，那个菜不好吃。▶「この料理」と「あの料理」を比較しているので、形容詞の前に"很"を置いてはいけません。　5 这种咖啡最好喝。▶"种"は種類を数える量詞です。

第4課
1　1 你学习忙吗？あなたは勉強が忙しいですか。　2 这本词典价钱贵吗？この辞書は値段が高いですか。　3 我爸爸工作很忙。私の父は仕事が忙しいです。　4 我汉语不太好。私は中国語があまりうまくありません。

2　1 那条裙子颜色怎么样？▶スカートを数える量詞は"条"。　2 这个菜味道非常好。　3 汉语发音难不难？　4 你脸色不太好。　5 我奶奶身体非常好。

3　1 这件大衣价钱有点儿贵。▶コートを数える量詞は"件"。　2 北京夏天不太热。

3 我肚子很疼。　4 她男朋友个子高吗？／她男朋友个子高不高？

第5課

1　1 你们是留学生吗？あなたたちは留学生ですか。　2 你们都是老师吗？あなたたちはみんな先生ですか。　3 你弟弟明天去不去？あなたの弟さんは明日行きますか。　4 他／她的手机贵不贵？彼／彼女の携帯電話は高いですか。

2　1 你买汉语杂志吗？　2 你学习忙不忙？　3 你们都喝酒吗？　4 英语语法难不难？　5 今天你上班吗？／你今天上班吗？

3　1 饺子好吃吗？／饺子好吃不好吃？　②你也是日本人吗？　③他们都学习汉语吗？ ▶ 2と3はそれぞれ副詞"也""都"があるので反復疑問文にできません。　4 她是学生吗？／她是不是学生？　5 你喝可乐吗？／你喝不喝可乐？

第6課

1　1 他／她怎么不来？彼／彼女はどうして来ないのですか。　2 谁是你们汉语老师？誰があなたたちの中国語の先生ですか。　3 你明天几点起床？あなたは明日何時に起きますか。　4 他／她什么时候去美国？彼／彼女はいつアメリカに行きますか。　5 你买哪个？あなたはどれを買いますか。

2　1 你要哪个？（あなたはどれが欲しいですか。→我要那个。私はそれ／あれが欲しいです。）　2 他姐姐去哪儿？（彼のお姉さんはどこに行きますか。→他姐姐去北京。彼のお姉さんは北京に行きます。）　3 你喝什么？（あなたは何を飲みますか。→我喝可乐。私はコーラを飲みます。）　4 你明天几点上班？（あなたは明日何時に出勤しますか。→我明天九点上班。私は明日9時に出勤します。）　5 谁是日本人？（誰が日本人ですか。→佐藤是日本人。佐藤さんが日本人です。）

3　1 你买什么？　2 你几点回家？　3 这个字怎么念？　4 你为什么／怎么不吃？　5 你怎么来？

第7課

1　1 这个问题很难。この問題は難しいです。　2 我今天比较忙。私は今日はわりと忙しいです。　3 我最喜欢看电影。私は映画を見るのが一番好きです。　4 今年夏天非常热。今年は夏が非常に暑い／暑かったです。

2　1 超市的东西比较便宜。　2 这首歌真好听。▶歌を数える量詞は"首"。　3 我非常喜欢看美国电影。4 姐姐的手机最漂亮。　5 我的汉语不太好。

3　1 他个子最高。　2 这件衣服太长了。　3 作业比较多。　4 她的眼睛非常大。

第8課

1　1 你有车吗？あなたは車を持っていますか。　2 我没有汉语杂志。私は中国語の雑誌を持っていません。　3 你有没有中国朋友？あなたには中国人の友達がいますか。　4 他／她有两个姐姐。彼／彼女にはお姉さんが2人います。

2　1 你明天有时间吗？　2 你今天有没有汉语课？　3 我有一个中国朋友。　4 你有电子词典吗？　5 他没有数码相机。

3　1 李老师有一个儿子。　2 我姐姐还没有男朋友。　3 她有英语书吗？／她没有英语书？　4 我哥哥没有车。　5 你们都有电脑吗？

第9課

1　1 学校里有一家超市。学校の中にはスーパーが1軒あります。　2 车站对面没有银行。駅の正面には銀行はありません。　3 咖啡馆旁边有没有电影院？喫茶店のそばに映画館はありますか。　4 教室里有二十多个学生。教室には20数名の学生がいます。

2　1 你的房间里有冰箱吗？　2 我家附近有一家商场。　3 车站旁边有没有便利店？　4 桌子上有一台电脑和两本词典。

3　1 你们大学附近有什么？▶「私の大学」「あなたの会社」などの所属先を言う場合、"我们大学""你们公司"と人称代名詞を複数にするほうが自然です。　2 教室里有人吗？　3 银行旁边有咖啡馆吗？／银行旁边有没有咖啡馆？　4 图书馆里有很多学生。▶「たくさんの～」は必ず［"很多"＋名詞］になります。"多"だけで名詞を修飾することはできません。　5 我家对面有一个公园。

第10課

1　1 你的手机在这儿。あなたの携帯電話はここにあります。　2 邮局不在公园旁边。郵便局は公園のそばにはありません。　3 图书馆在食堂西边。図書館は食堂の西側にあります。　4 汉语词典在你那儿吗？中国語の辞書はあなたのところにありますか。

2　1 张老师不在教室里。　2 你的汉语书在书包里。　3 银行在超市对面。　4 我家不在东京。　5 王经理的办公室在哪儿？

3　1 车站在那儿。　2 他的英语词典在哪儿？　3 你的钥匙在桌子上。　4 洗手间在哪儿？　5 学生们在图书馆（里），不在教室（里）。

第11課

1　1 他／她妈妈对我们非常热情。彼／彼女のお母さんは私たちに非常に親切です。　2 我给奶奶买一件衣服。私は祖母に洋服を1着買いました。　3 离妹妹的生日还有三天。妹の誕生日までまだ3日あります。　4 我从七点到九点看电视。私は7時から9時までテレビを見ます。

2　1 ②从（父は2日から10日まで出張に行きます。）▶「～から…まで」は"从～到…"で表します。　2 ①离（私の家は空港まで／から非常に遠いです。）　3 ③对（あなたは私に文句があるのですか。）　4 ②给（私はあなたに手紙を書きます。）　5 ③对（父は私たちに対して厳しいです。）

3　1 你对什么感兴趣？▶「～に興味がある」は"对～感兴趣"で表します。　2 离开学还有五天。▶"A离B有＋ 時間 "のAはよく省略されます。　3 抽烟对身体不好。　4 我从星期一到星期五都上班。　5 你男朋友给你买生日礼物吗？

第12課

1　1 他／她跟谁结婚？彼／彼女は誰と結婚しますか。　2 你往哪儿走？あなたはどちらに行くのですか。　3 我们都向他／她学习。私たちはみんな彼／彼女に学びます。　4 我们用电脑上课。私たちはパソコンで授業を受けます。

2　1 ③朝 ▶身体的な動作を向ける相手は"朝"で表します。　2 ③用　3 ①朝　4 ②向 ▶「見習う」「謝る」などの抽象的な動作の相手は"向"で表します。

3　1 我喜欢跟／和朋友聊天儿。▶"喜欢"は介詞フレーズの前に置きましょう。　2 我用手机上网。　3 妹妹跟中田学习日语。　4 从这儿一直往前走。　5 为我们的成功干杯！

第13課

1　1 我的钥匙呢？私の鍵は？　2 我去便利店，你呢？私はコンビニに行きますが、あなたは？　3 张老师呢？張先生は？　4 你们是日本人还是韩国人？あなたたちは日本人ですか、それとも韓国人ですか。

2　1 你的汉语词典呢？　2 你看电视还是听音乐？　3 我们坐公交车，还是坐地铁？　4 我们公司有中国人，你们公司呢？

3　1 我的手机呢？　2 我吃饺子，你呢？　3 你喝啤酒还是喝可乐？　4 他们去美国还是去法国？

第14課

1　1 奶奶七十岁，爷爷七十三岁。祖母は70歳で、祖父は73歳です。　2 后天星期几？あさっては何曜日ですか。　3 这件衣服八十八块钱。この服は88元です。　4 那本书多少钱？その／あの本はいくらですか。　5 明年二零一四年。来年は2014年です。

2　1 现在几点？（今、何時ですか。→现在十二点半。今、12時半です。）　2 你妹妹多大？（妹さんは何歳ですか。→我妹妹十八岁。妹は18歳です。）　3 你爷爷多高？（おじいさんの背はどれくらいですか。→我爷爷一米七二。祖父は1メートル72です。）　4 今天几月几号？（今日は何月何日ですか。→今天二月二十七号。今日は2月27日です。）　5 这个西瓜多重？（このスイカはどれくらいの重さですか。→这个西瓜三公斤。このスイカは3キロです。）

3　1 姐姐二十岁。　2 明天十一月二十三号星期天。　3 山田不是东京人，是京都人。　4 我哥哥一米七，我一米六二。　5 现在差五分两点。

第15課

1　1 暑假来日本玩儿吧。夏休みに日本に遊びに来てください。　2 下个月我姐姐去北京旅行。来月姉は北京に旅行に行きます。　3 你什么时候去打工？あなたはいつアルバイトに行きますか。　4 星期天一起去看电影吧。日曜日に一緒に映画を見に行きましょう。

2　1 我星期六去图书馆借书。　2 你去食堂吃午饭吗？　3 我从这儿坐公交车回家。

4 明年一个美国朋友来日本留学。

3 1 你去图书馆干什么？　2 你星期几去打工？　3 晚上一起去吃晚饭吧。　4 我骑自行车去买东西。

第16課

1 1 我想买相机。私はカメラを買いたいです。　2 妹妹要吃中国菜。妹は中華料理を食べたがっています。　3 弟弟不愿意学太极拳。弟は太極拳を習いたがりません。

2 1 你愿意去美国出差吗？　2 我今天不想去图书馆还书。　3 哥哥不愿意跟父母一起住。▶「～と一緒に」は"跟～一起"で表します。　4 中午我要去便利店买盒饭。

3 1 你想喝什么？▶単に「希望」を聞いているので"想"を使います。　2 他也不愿意／想麻烦别人。　3 这个暑假我想／要学开车。　4 我妈妈想／要跟朋友一起去香港旅行。▶3・4は明確な願望を表す文なので、"愿意"よりも"想／要"がふさわしいです。

第17課

1 1 你买了几本中文杂志？あなたは何冊中国語の雑誌を買いましたか。　2 弟弟喝了两瓶可乐。弟は２本コーラを飲みました。　3 你昨天来上课了吗？あなたは昨日授業に出ましたか。　4 我昨天没去学校。私は、昨日は学校に行きませんでした。

2 1 你买了几张电影票？　2 我上个星期没去看电影。　3 姐姐在快餐店买了两个汉堡包。　4 我吃了饭，就给你打电话。

3 1 爸爸喝了很多啤酒。　2 铃木没吃早饭。　3 你唱了几首歌？　4 我吃了饭，就去你家。

第18課

1 1 你是什么时候来日本的？あなたはいつ日本に来たのですか。　2 这件毛衣是妈妈给我买的。このセーターは母が私に買ってくれたのです。　3 我不是一九九四年出生的。私は1994年生まれではありません。　4 他的汉语是在上海学的。彼の中国語は上海で学んだのです。

2 1 我是坐电车来的。　2 这不是我姐姐买的。　3 你的手机在哪儿买的？　4 你们是怎么认识的？　5 这条裙子是谁给你买的？

3 1 你是怎么来的？　2 你是什么时候去北京的？／你是什么时候去北京？　3 这本书是谁买的？　4 她是哪一年出生的？　5 我是用信用卡买的。

第19課

1 1 谁教你们汉语？誰があなたたちに中国語を教えていますか。　2 李老师教你们什么？李先生はあなたたちに何を教えていますか。　3 我给你一张电影票。私はあなたに１枚映画のチケットをあげます。　4 爸爸告诉我明天他去美国。父は私

に明日アメリカに行くと言いました。

2 1 妈妈不给我零花钱。　2 我想问老师一个问题。　3 朋友给了我两张电影票。　4 哥哥没告诉我他在哪儿。

3 1 我问了朋友两个问题。　2 汉语老师给了我一本词典。　3 她告诉我她想去美国。　4 张老师教我们英语。　5 我想送她一件生日礼物。

第20課

1 1 你先收拾一下房间吧。あなたはまずちょっと部屋を片付けなさい。　2 你们再考虑考虑吧。あなたたちはもう一度考えてみてください。　3 我们休息一下吧。私たちちょっと休みましょう。　4 咱们听听音乐吧。私たちちょっと音楽を聞きましょう。

2 1 ③尝尝（さあ、この料理の味がどうかちょっと味見してください。）▶「味わってみる」という意味の"尝尝"が正解。"尝了尝"は「食べてみた」という意味。
2 ④一下（まずはちょっと待って、私はすぐに行くから。）　3 ③打扫打扫（私は日曜日はふつう洗濯をしたり、部屋の掃除をしたりなどします。）　4 ①问问（私たちはやはり先生にちょっと聞きに行ってみましょう。）▶「〜しよう」を表す"吧"があるので"问问"が正解。"问了问"は「聞いてみた」という意味。　5 ②商量一下（私は家に帰って両親とちょっと相談したいです。）

3 1 试试／试一试／试一下吧。　2 查查／查一查／查一下词典吧。　3 请给我看看／看一看／看一下那本杂志。

第21課

1 1 你们都会说法语吗？あなたたちはみんなフランス語が話せますか。　2 这件衣服我可以试一下吗？この服を試着してもいいですか。　3 我今天还不能去学校。私は今日はまだ学校に行けません。　4 这儿不能吃东西。ここでは物を食べられません。

2 1 ①能（すみません、ここでは撮影はできません。）　2 ③可以（私はあなたに1つ質問してもいいですか。）　3 ②能（私はまだ18歳になってないので、まだ車の運転を学べません。）▶条件を満たしていなくて「できない」ので"不能"を使います。　4 ②可以（私はあなたについてギターを（弾くのを）学んでもいいですか。）

3 1 妹妹还不会弹钢琴。　2 现在飞机里不能打手机。　3 你会不会说普通话？　4 我明天有事儿，不能跟你一起去。

第22課

1 1 我奶奶还没坐过飞机呢。祖母はまだ飛行機に乗ったことがありません。　2 你看过中国电影没有？あなたは中国映画を見たことがありますか。　3 我去过美国和韩国。私はアメリカと韓国に行ったことがあります。　4 他／她从来没学过外语。彼／彼女はこれまで外国語を学んだことがありません。

2 1 你吃过北京烤鸭吗？　2 我在王老师家见过她。　3 我还没爬过长城呢。　4 我

小时候学过小提琴。▶時間を表すことば"小时候"は、動詞より前に置きます。

3　1 你们看过京剧吗？／你们看过京剧没有？　2 他还没吃过生鱼片呢。　3 我曾经在上海生活过。　4 我从来没喝过酒。

第23課

1　1 你学了多长时间英语？ あなたはどれくらい英語を勉強しましたか。　2 妹妹每天弹半个小时钢琴。妹は毎日30分ピアノを弾きます。　3 你昨天玩儿了几个小时电子游戏？ あなたは昨日何時間ゲームをしましたか。

2　1 我学了两年半德语。　2 你一个星期有几天课？　3 从大阪到上海坐飞机要两个小时。　4 一般的公司职员每天工作八、九个小时。

3　1 你每天看几个小时电视？　2 从我家到学校要一个半小时。　3 我爸爸每天早上看一个小时报纸。　4 你星期天打了几个小时网球？

第24課

1　1 请你念一遍课文。もう一度教科書の本文を音読してください。　2 你去过几次迪斯尼乐园？ あなたは何回ディズニーランドに行ったことがありますか。　3 我们见过一次。私たちは1度会ったことがあります。　4 你每天吃几顿饭？ あなたは毎日何食食べますか。

2　1 ④遍（私のためにもう一度言っていただいてもいいですか。）　2 ②趟（夏休みに私は故郷に1回帰りました。）▶往復したことを言いたいので"趟"が正解です。　3 ③顿（彼が宿題をしなかったので、先生は彼を叱りました。）　4 ②下（人の部屋に入るときは、ふつう3回ドアをノックします。）

3　1 请再说一遍。　2 那个电影我看过两遍。　3 她昨天吃了四顿饭。　4 我吃过两次北京烤鸭。　5 我在北京看过一次京剧。▶介詞フレーズは［動詞＋"过"］の前に置きます。

第25課

1　1 天气已经暖和了。気候はすでに暖かくなりました。　2 现在几点了？今、何時になりましたか。　3 我会开车了。私は運転できるようになりました。　4 你学汉语学了多长时间了？ あなたは中国語をどれくらい学んでいますか。　5 我们等了他／她一个半小时了。私たちは彼／彼女を1時間半待っています。

2　1 你奶奶身体好了吗？　2 哥哥去法国两年了。　3 你在这儿住了几年了？　4 你饿了吧？去吃饭吧。

3　1 你今年多大了？　2 现在两点了。　3 他来日本二十年了。　4 下雨了，我没带伞。

第26課

1　1 他／她每天都不吃早饭。彼／彼女は毎日朝食を食べません。　2 去年我没去留学。去年私は留学に行きませんでした／行っていません。　3 今年暑假我不回老家了。今年の夏休みは故郷に帰らないことにしました。　4 老师还没来。先生は

まだいらっしゃいません／いらっしゃっていません。

2　1 不　2 没　3 不　4 没　5 不，不

3　1 他还没做／写作业呢。　2 我今天不去买东西。　3 我不去打工了。　4 明天我有事儿，不去学校了。

第27課

1　1 我今天什么也不想吃。私は今日は何も食べたくありません。　2 那本书我一点儿也没看。その本を私は少しも読んでいません／読みませんでした。　3 他／她今天一杯酒也没喝。彼／彼女は今日は1杯のお酒も飲んでいません／飲みませんでした。　4 这儿的菜，哪个都很好吃。ここの料理は、どれもみなおいしいです。

2　1 佐藤这个月一天也没休息。　2 我们公司谁都去过香港。　3 他的朋友我一个也不认识。　4 除了东京，我哪儿都没去过。▶"除了～（以外）"で「～以外」を表します。

3　1 汉语作业一点儿也不难。　2 张老师什么也没说。　3 今天一点儿也不冷。　4 弟弟寒假一本书也没看。

第28課

1　1 我们快要考试了。私たちはもうすぐテストです。　2 电影马上就要开演了。映画はもうすぐ始まります。　3 我妹妹快二十岁了。妹はもうすぐ20歳です。　4 学校快要放暑假了。学校はまもなく夏休みです。

2　1 他下个月就要结婚了。　2 快要到圣诞节了。　3 我来日本快十年了。　4 快要到上海站了。　5 演唱会马上就要结束了。

3　1 快十二点了。　2 我们就要放寒假了。　3 她下个星期就要去法国了。　4 飞机快要／就要起飞了。　5 我学汉语快一年了。

第29課

1　1 咱们去公园散散步吧。私たちちょっと公園に散歩に行きましょう。　2 你能不能帮我一个忙？ちょっと手伝ってもらえますか。　3 你一天打几个小时工？あなたは1日に何時間アルバイトをしますか。　4 他／她在中国留了一年学。彼／彼女は中国に1年留学しました。

2　1 妈妈每天只睡五个小时觉。　2 我请了一天假。　3 我洗了澡就睡觉。　4 星期天一起去逛逛街，怎么样？

3　1 我们见过一次面。　2 我昨天打了五个小时工。　3 咱们聊聊天儿吧。　4 我去韩国出过一次差。　5 每年春节，你们放几天假？

第30課

1　1 小李，你干什么呢？李くん、何をしているのですか。　2 弟弟在玩儿电子游戏呢。弟はゲームをしています。　3 我没看电视，我写作业呢。私はテレビを見ているのではなくて、宿題をしています。　4 他／她正跟朋友一起喝酒呢。彼／彼

153

女はちょうど友達とお酒を飲んでいるところです。

2　1 她们正在包饺子呢。　2 我去她家时，她正在运动呢。　3 昨天我给你打电话的时候，你干什么呢？　4 你等一下，她正洗澡呢。

3　1 他们在打网球呢。　2 我们正在上课呢。　3 你还在看电视（呢）吗？　4 我没（在）睡觉，我在收拾房间呢。

第31課

1　1 窗户关着，门也关着。窓は閉まっていて、ドアも閉まっています。　2 他们／她们正站着聊天儿呢。彼ら／彼女らは立ち話をしています。　3 我每天都走着去学校。私は毎日歩いて学校に行きます。　4 他／她来的时候，我们正包着饺子呢。彼／彼女が来たとき、私たちはギョウザを作っている最中でした。

2　1 爸爸正坐着看电视呢。　2 姐姐经常躺着看书。　3 他穿着牛仔裤，戴着眼镜。　4 我们一起唱着歌，跳着舞。

3　1 窗户没开着。　2 妹妹正写着作业呢。　3 爷爷拿着报纸。　4 他没戴（着）帽子。　5 教室里的学生，有的站着，有的坐着。

第32課

1　1 学校旁边有一家饭馆儿。学校のそばに1軒のレストランがあります。　2 前面来了一个人。前から人が来ました。　3 床上躺着一个人。ベッドに人が横になっています。　4 公园里站着很多人。公園にたくさんの人が立っています。

2　1 公司里来了两个新职员。　2 吃饭时来了一个电话。　3 学校门口停着一辆车。　4 墙上贴着一张世界地图。

3　1 房间里放着一台电视机。　2 河里死了很多鱼。　3 桌子上放着两本杂志。　4 我们班来了一个留学生。　5 操场上坐着很多学生。

第33課

1　1 你汉语说得真流利！あなたは中国語を話すのが本当に流ちょうですね！　2 我网球打得不太好。私はテニスがあまりうまくありません。　3 哥哥晚上睡得很晚。兄は夜寝るのが遅いです。　4 你做菜做得怎么样？あなたは料理の腕前はどうですか。

2　1 我打电脑打得不太快。　2 时间过得真快啊！　3 他歌唱得好不好？　4 你游泳游得真不错。　5 她为什么汉语说得那么好？

3　1 她唱得非常好。　2 你（起床）起得真早。　3 小李学得真快。▶「学ぶ」には"学"と"学习"がありますが、「学ぶのが～だ」という場合は"学得～"を使います。　4 我说英语说得不太流利。　5 他打棒球打得真不好。

第34課

1　1 我们最近忙得很。私たちは最近ひどく忙しいです。　2 这个便宜得很。これは安すぎます。　3 京都的夏天热得不得了。京都の夏は暑くてたまりません。　4 哥哥要工作了，妈妈高兴得不得了。兄がもうすぐ仕事をするので、母はうれ

しくてしかたがありません。

2　1 "得"を削除→今天热死了。（今日は暑くて死にそうです。）　2 "得"を削除→这首歌好听极了。（この歌はとっても美しいです。）　3 "很"と"得"の順序を入れ替える→汉语的发音难得很。（中国語の発音は難しすぎます。）　4 "得"を削除→逛了一天街，真是累死了。（1日中街をぶらついたので、本当に疲れて死にそうです。）　5 "得"を挿入→等了他一个小时了，他还没来，我们急得不得了。（彼を1時間待っていますが、まだ来ないので、私たちはイライラしています。）

3　1 那儿的东西贵得很。　2 这儿的冬天冷得很。　3 我昨天只睡了三个小时，今天困得要死。　4 我妈妈包的饺子味道好极了。

第35課

1　1 妈妈比爸爸还忙。母は父よりさらに忙しいです。　2 我今天比昨天好多了。私は、今日は昨日よりずっと調子が良いです。　3 哥哥比爸爸还高。兄は父よりもっと背が高いです。　4 这个比那个贵一些。これはあれよりちょっと高いです。

2　1 他比我高二十公分。　2 妈妈比我喜欢打网球。　3 东京的物价比大阪高得多。　4 她的声音比我好听得多。

3　1 他比我还／更高。▶ "A比B还高"は「Bも背が高いが、Aはもっと高い」というニュアンス、"A比B更高"は「AとBの高さの差がかなりある」というニュアンスがあります。　2 中国的人口比日本多得多。　3 这条裤子比那条（裤子）贵得多／贵多了。　4 这个房间比那个房间大一点儿／一些。▶「少し」には"一点儿／一些"を使い、比較した差は形容詞の後ろに置きます。

第36課

1　1 这个没有那个便宜。这是あれほど安くありません。　2 我没有你那么喜欢打棒球。私はあなたほど野球をするのが好きではありません。　3 爷爷和奶奶一样大。祖父は祖母と同い年です。　4 你的发音跟老师的发音不一样。あなたの発音は先生の発音と違います。

2　1 我家跟你家一样远。　2 我没有你那么喜欢玩儿电子游戏。　3 我的成绩跟你的不一样。　4 这个餐厅的菜没有那个餐厅的好吃。

3　1 公交车没有电车那么快。　2 我的手机跟你的不一样。　3 你的日语跟日本人一样好。　4 我没有你那么喜欢开车。

第37課

1　1 今天有点儿冷。今日はちょっと寒いです。　2 妈妈有点儿不高兴了。母はちょっと機嫌が悪くなりました。　3 这本比那本贵一点儿。この本はあの本よりちょっと高いです。　4 我今天有点儿不舒服。私は今日、少し気分が悪いです。　5 这个好一点儿。これのほうがちょっと良いです。

2　1 一点儿　2 有点儿　3 有点儿　4 一点儿

3　1 我有点儿恶心。　2 请慢一点儿说。　3 能不能便宜一点儿？　4 我最近有点儿

胖了。／我最近胖（一）点儿了。▶前者は望んでいないのに太ってしまったというニュアンス。太りたいと望んでいる人が太った場合は後者になります。　5 我有点儿累了。

第38課

1 1 懂　2 到　3 给　4 在

2 1 他／她说的英语你听懂了吗？彼／彼女の話す英語、あなたは（聞いて）わかりましたか。　2 今天的工作我已经做完了。今日の仕事、私はもうやり終わりました。　3 妈妈说的话你记住了吗？お母さんの言ったことを覚えましたか。　4 我吃完饭就给你打电话。私はご飯を食べ終わったらすぐにあなたに電話します。

3 1 我还没找到工作呢。　2 昨天的电影我没看懂。　3 那本书我没买到。　4 他的电话号码你记住了吗？　5 她以前住在北京。

第39課

1 1 累　2 错　3 饱　4 清楚

2 1 对不起，打错了。すみません、（電話を）かけまちがえました。　2 我没看清楚，再给我看看。はっきり見えなかったので、もう一度ちょっと見せてください。　3 你的衣服没洗干净，再洗一遍吧。あなたの服はきれいに洗えてないので、もう一度洗いなさい。　4 你一定唱累了吧？あなたはきっと歌い疲れたでしょう？

3 1 桌子擦干净了吗？　2 学好汉语以后，我想去中国。　3 对不起，我说错了。　4 你的电脑修理好了吗？

第40課

1 1 他／她十岁就去留学了。彼／彼女は10歳で留学しました。　2 我姐姐三十岁才去留学。姉は30歳でようやく留学に行きました。　3 我们昨天刚认识。私たちは昨日知り合ったばかりです。　4 他／她一直住在大阪。彼／彼女はずっと大阪に住んでいます。　5 我们已经学到第十课了。私たちはすでに第10課まで学びました。

2 1 ①刚（彼は来たらすぐに行ってしまいました。）　2 ③已经（その本を私はすでに2回読みました。）　3 ③一直（彼はここ数日ずっと学校に来ていません。）　4 ③就、②才（母は6時には帰ってきましたが、父は10時にようやく帰ってきました。）▶「時間的に早い」と感じていることを表す"就"と「時間的に遅い」というニュアンスの"才"を使います。

3 1 他刚走。▶文末に"了"を置いてはいけません。　2 妈妈五点就起床了。　3 哥哥十点才起床。▶文末に"了"を置いてはいけません。　4 她一直学习汉语。

第41課

1 1 前面走过来一个人。前から人がやって来ました。　2 姐姐买回来一些苹果。姉はいくつかリンゴを買って帰ってきました。　3 同学们跑出食堂去了。クラス

メートたちは走って食堂から出て行きました。　4 今天有雨，你带伞去吧。今日は雨だから、傘を持って行きなさい。　5 从办公室里走出来两个人。オフィスから2人の人が出てきました。

2　1 老师走进教室来了。▶場所を表す目的語"教室"は"来"の前に。　2 她哭着跑回房间去了。▶場所を表す目的語"房间"は"去"の前に。　3 哥哥从楼上下来了。　4 爸爸搬进来一张桌子。／爸爸搬进一张桌子来。▶動作が完了しているので、目的語"一张桌子"は"来"の後ろにも前にも置くことができます。

3　1 快（请）进来吧。　2 他跑上来了。　3 她回英国去了。　4 妈妈买来了一只小狗。▶小動物は"只"で数えます。　5 去北京的机票你买来了吗？▶動詞フレーズが"机票"を修飾しているので"的"が必要です。

第42課

1　1 快把衣服穿上。さっさと服を着なさい。　2 快把窗户关上。早く窓を閉めなさい。　3 妈妈已经把饭做好了。母はもうちゃんと食事を作りました。

2　1 弟弟又把手机弄丢了。▶副詞"又"は"把"の前に置きます。　2 把你的词典借给我用吧。　3 我想把日元换成人民币。　4 他还没把书还回去呢。　5 我今天一定要把这本书看完。

3　1 请把行李放在上面。　2 我把眼镜忘在家里了。　3 请把护照拿出来。　4 请把你的电话号码和地址写在这儿。

第43課

1　1 请你把门关上。ドアを閉めてください。　2 下课了，快把桌子上的书都收起来吧。授業が終わったので、早く机の上の本を全部しまいなさい。　3 太热了，你快把大衣脱下来吧。ひどく暑いので、早くオーバーを脱いでください。

2　1 下来　2 起来　▶「見たところ~だ」は"看起来~"で表します。　3 下来　4 起来

3　1 教室里安静下来了。　2 我没听出来他是外国人。　3 这个菜吃起来味道真不错。　4 他看着我，突然笑了起来。

第44課

1　1 我还看不懂中文小说。私はまだ中国語の小説を読んでわかりません。　2 他说的英语你听得懂吗？彼の話す英語をあなたは聞いてわかりますか。　3 这辆车坐不下十个人。この車には10人は座れません。　4 我每天早上都起不来。私は毎朝起きられません。

2　1 起得来　2 听不懂　3 看不清楚　4 听不清楚

3　1 这个教室坐得下五十个人吗？　2 这件衣服太脏了，洗不干净。　3 黑板上的字我看不清楚。　4 这么难的问题，你讲得清楚吗？

第45課

1　1 在美国看不到这个电影。アメリカではこの映画は見られません。　2 这里太热了，我受不了。ここは暑すぎるので、私は耐えられません。　3 快走吧，要来不

及了。早く行きましょう、間に合わなくなります。　4 这么多人的名字你记得住吗？こんなに多くの人の名前をあなたは覚えられますか。

2　1 来得及　2 差不多　3 买不到　4 忘不了

3　1 你这么做，对得起你妈妈吗？　2 这款手机太贵，我买不起。　3 这个汉字太难了，我记不住。　4 在日本吃得到地道的上海菜吗？

第46课

1　1 我哥哥在美国。兄はアメリカにいます。　2 弟弟在睡觉呢。弟は寝ているところです。　3 我们中午在食堂吃饭。私たちはお昼は食堂で食事をします。　4 我经常躺在床上看书。私はよくベッドに寝転んで本を読みます。

2　1 你的书都在我这儿呢。　2 你把啤酒放在冰箱里。　3 她在给谁打电话呢？
　　4 我在网上预订了一个房间。

3　1 我爸爸在银行工作。　2 他（在）洗澡呢。　3 你把车停在哪儿了？▶"把"構文を使いましょう。　4 王老师家在哪儿？　5 我妈妈（在）看电视呢。

第47课

1　1 你好好儿地想想吧。しっかり考えてみなさい。　2 他／她车开得怎么样？彼／彼女は車の運転はどうですか。　3 你昨天看的电影有意思吗？昨日見た映画はおもしろかったですか。　4 我出门时，妹妹正在认真地写作业呢。私が出かけるとき、妹はまじめに宿題をしているところでした。

2　1 ③地（彼女のお母さんは親切に私たちをもてなしてくださいました。）　2 ③的（先生のおっしゃった話をあなたは全部聞いてわかりましたか。）　3 ②得（あなたはピアノを弾くのが私よりうまいです。）　4 ①地（学生たちはみなまじめに復習をしています。）　5 ②的，②的，②的（私たちの音楽の先生は背が高く、髪が長く、大きな目で、本当にきれいです。）

3　1 好好儿（地）写。　2 他跑得最快。　3 我妈妈做的菜非常好吃。　4 简单地介绍一下。　5 爸爸昨天睡得非常晚。

第48课

1　1 我得先把作业写完。私は先に宿題をやり終えなければいけません。　2 说外语时不必紧张。外国語を話すときに緊張する必要はありません。　3 上课时，不应该玩儿电子游戏。授業のときは、電子ゲームで遊ぶべきではありません。

2　1 我们都要向他学习。　2 还有时间，不用着急。　3 感冒的时候要多喝开水。　4 你应该先跟父母商量一下。▶"应该"は"先"の前に置きます。

3　1 我星期六不用上班。▶口语では"不用"を使うほうが自然です。　2 我要／得去一趟银行。　3 你星期天也要／得去学校吗？　4 你太累了，得先休息一下。
　　▶"得"は"先"の前に置きます。

第49课

1　1 他／她不会在图书馆的。彼／彼女は図書館にはいないはずです。　2 小刘得去

留学。劉さんは留学に行くはずです。　3 他／她不会不来看我们的。彼／彼女はきっと私たちに会いに来るでしょう。　4 他／她明天一定会参加的。彼／彼女は明日必ず参加するでしょう。

2　1 ②会　2 ②得　3 ②要　4 ④会　5 ③会

3　1 他一定会来的。　2 不快走，又得迟到了。　3 不交作业，老师又要批评我们了。

第50课

1　1 明天大家千万不能迟到。明日はみなさん絶対に遅刻をしないで。　2 上课的时候不要睡觉。授業中寝てはいけません。　3 你喝得太多了，别再喝了。あなたは飲み過ぎだから、もう飲まないで。　4 别忘了给妈妈打电话。お母さんに電話をするのを忘れないで。

2　1 千万不要忘了带护照。　2 已经九点了，别睡了。　3 自己想，别问别人。　4 你喝酒了，不能开车。　5 图书馆里不能吃东西、打手机。

3　1 上课的时候，不要／别／不能说话。　2 你不能／别／不要总看电视。▶"总"の代わりに"一直"を使うこともできます。　3 不要／别笑了！　4 不要／别担心我！　5 电车里不能／不要／别打手机。

第51课

1　1 我明天请你吃北京烤鸭。私は明日あなたに北京ダックをごちそうします。
2 学校派他／她去香港出差。学校は彼／彼女を香港に出張に行かせました。
3 朋友求我给他／她买汉语书。友達は私に中国語の本を買うように頼みました。
4 妈妈批评弟弟学习不认真。母は弟がまじめに勉強しないと叱ります。

2　1 ②请（友達が明日京劇に招待してくれます。）　2 ①劝（母は父にタバコを減らすように勧めます。）　3 ②感谢（あなたたちがこんなにも私を助けてくれて非常に感謝します。）　4 ①托（彼は私に彼の両親に少しばかり茶葉を持って行くよう託しました。）

3　1 他常常请我们吃中国菜。　2 我们都选他当班长。　3 他求我去给他买票。
4 老师表扬小林学习认真。

第52课

1　1 你爸爸让你打工吗？あなたのお父さんはあなたにアルバイトをさせてくれますか。　2 老师叫我们念课文。先生は私たちに教科書の本文を音読させます（音読するようにおっしゃいます）。　3 医生让我多休息。医者は私に十分休むように言います。　4 让我们一起努力吧。私たちは一緒に努力しましょう。

2　1 父母不让我一个人住。　2 让我试一试。　3 公司又让我去美国出差。▶副詞"又"は"让"の前に置きます。　4 我爸爸不让我跟她结婚。

3　1 父母不让孩子抽烟。　2 打电话叫他来吧。　3 我妈妈不让我上网。　4 他的话使我们很感动。▶心理的な活動なので"使"を使います。　5 不好意思／对不起，让你久等了。

第53課

1 1 那个面包被妹妹吃了。あのパンは妹に食べられました。 2 自行车叫爸爸骑走了。自転車は父に乗って行かれました。 3 我的钱包没被偷走。私の財布は盗まれませんでした。 4 我深深地被他／她的话感动着。私は深く彼／彼女の話に感動しています。

2 1 我的电脑让哥哥弄坏了。 2 我的游戏机又叫妈妈拿走了。 3 田中从来没被老师批评过。 4 我的衣服被孩子弄脏了。

3 1 蛋糕又被妹妹吃了。 2 他没被车撞倒。 3 钥匙被我忘在公司（里）了。 4 那本书被朋友借走了。 5 我的车昨天被姐姐开走了。▶姉が車を運転して行ったと考え、動詞は"开"を使います。

第54課

1 1 老师气得说不出话来。先生は怒ってことばが出ませんでした。 2 妈妈笑得跟孩子一样。母は子供のように笑いました。 3 他／她日语说得跟日本人一样好。彼／彼女は日本人と同じくらい日本語を話すのが上手です。 4 听了他／她的话，我们笑得眼泪都流下来了。彼／彼女の話を聞いて、私たちはおかしくて涙が出ました。

2 1 我们都难过得哭了起来。 2 他长得跟他爸爸一模一样。 3 我们高兴得像孩子一样又唱又跳。 4 我每天起得都没有妈妈早。

3 1 跑了起来 2 说不出话来了 3 站不起来了 ▶「立ち上がれない」は"站不起来"で表します。

第55課

1 1 因为那件衣服太贵，所以我没买。あの服は高すぎるので、私は買いませんでした。 2 即使不吃饭，我也要把工作做完。たとえ食事をしなくても、私は仕事をやり終えなければなりません。 3 如果不愿意去，就别去了。もしも行きたくなければ、行きなさんな。

2 1 如果，就 2 虽然，但是 3 因为，所以 4 即使，也

3 1 如果有钱，我就去外国旅行。 2 因为我感冒了，所以今天没去上班。 3 即使他不来，我们也要一直等着他／等下去。 4 虽然他家离学校很近，但是他经常迟到。

第56課

1 1 爸爸一喝酒，就喜欢说话。父はお酒を飲むと、話好きになる。 2 你越来越漂亮了。あなたはますますきれいになりましたね。 3 等你吃完饭，我们再走吧。あなたが食べ終わってから、私たちは行きましょう。 4 只要有时间，我就去看你。時間があれば、あなたに会いに行きます。

2 1 ③只要～就…（たくさん聞いて、話して、書きさえすれば、外国語をマスターできます。） 2 ②一边～一边…（自転車に乗りながら、携帯電話をかけるのはた

いへん危険です。) 3 ③越～越…（この本は読めば読むほどおもしろいと思います。) 4 ①一～就…（妹はケーキを見ると、泣き止みました。) 5 ③等～再…（あなたが仕事を見つけてから、私たち結婚しましょう。)

3　1 我经常一边上网一边听音乐。　2 除了我以外，他们都是日本人。　3 只要努力，就会成功（的）。　4 气温越来越高。

第57課

1　1 谁想说谁就说。言いたい人が言いなさい。　2 你喜欢什么就买什么吧。あなたが好きなものを買いなさいよ。　3 谁先吃完谁就先走。食べ終わった人から先に行きなさい。　4 你想给谁打电话就给谁打吧。あなたが電話をしたい人に電話をしなさい。

2　1 爸爸几点回来我们就几点吃饭。　2 不能孩子要什么，就给他买什么。　3 你想怎么办就怎么办吧。　4 我需要多少钱，妈妈就给我多少钱。

3　1 你想喝什么就喝什么。　2 哪儿有工作，我就去哪儿。　3 有什么就吃什么。　4 你想说什么就说什么吧。

文法項目索引

*は本書の用語としては登場していませんが、ほかの学習書とあわせて使用する際の参考にしてください。

あ
受身　132

か
介詞　38, 40, 92, 94
可能補語　112, 114
完了・実現　52
疑問詞　26, 74, 142
疑問詞疑問文　26
強調　74
禁止　126
経験　62
形容詞述語文　20
結果補語　100, 102
兼語　128
呼応表現　138, 140, 142

さ
使役　130
時間詞　44, 66
指示代名詞　18, 31
持続　84
主述述語文　22
省略疑問文　42
助動詞　50, 60, 122, 124
時量詞　45, 66
進行　82
選択疑問文　42
存現文　86

た
程度補語*　90
動詞述語文*　14, 16
動詞の重ね型　58
動量詞　68

な
二重目的語文*　56
人称代名詞　14

は
反復疑問文　24
比較　92, 94
副詞　28, 104
変化・継続　70
方向補語　106, 110

ま
名詞述語文　46

や
様態補語　88, 136

ら
離合動詞　78
量詞　18, 65
連動文　48

中国語
"把"構文　108
"的"　14, 120
"得"　88, 90, 120, 136
"地"　120
"了"　52, 70, 72, 76
"吗"疑問文　24
"是"　14
"是〜的"構文　54
"有"　32, 34
"在"　36, 38, 82, 100, 118

単語リスト

A

a	啊	〔文末において様々な語気を表す助詞〕
āyí	阿姨	おばさん
ǎi	矮	(背が) 低い
ài	爱	愛する
ānjìng	安静	静かである
àn	按	～とおりに、～に基づいて

B

bǎ	把	①〔取っ手や持つところがあるものを数える〕 ②～を
ba	吧	～しましょう／～ですよね？／～しなさい
bàba	爸爸	お父さん、父
bǎi	摆	置く、並べる
bān	班	クラス、班
bānzhǎng	班长	級長、班長
bān	搬	運ぶ
bàn	半	半分／30分
bàn	办	する、やる
bàngōngshì	办公室	事務所、オフィス
bāng	帮	手伝う、助ける
bāng//máng	帮忙	手伝う、手助けする
bāngzhù	帮助	助ける、手伝う
bàng	棒	すばらしい
bàngqiú	棒球	野球
bàngwǎn	傍晚	夕方
bāo	包	①包装する ②鞄、バッグ
bāo jiǎozi	包饺子	ギョウザを作る
bǎo	一饱	動作の結果、いっぱいになる
bàozhǐ	报纸	新聞
bēi	杯	〔飲み物などをコップなどの容器で数える〕杯
bēi	背	背負う
bēishāng	悲伤	悲しむ、心が痛む
běibian	北边	北、北側
Běijīng	北京	北京
Běijīngrén	北京人	北京出身
běimiàn	北面	北の方、北側
bèi	背	暗記する、暗誦する
bèi	被	～される
běn	本	〔書物や帳簿を数える〕冊
bǐ	比	～より
bǐjiào	比较	比較的、わりと
bǐsài	比赛	試合
bǐ	笔	筆記具
bì//yè	毕业	卒業する
biàn	遍	〔動作の最初から最後までを数える〕回
biànlìdiàn	便利店	コンビニエンスストア
biǎoyáng	表扬	褒める
bié	别	～するな
biéde	别的	他の、別の
biéren	别人	他人
bīngxiāng	冰箱	冷蔵庫
bōli	玻璃	ガラス
bōligāng	玻璃缸	ガラス製の鉢
bù	不	～でない、～しない
búbì	不必	～する必要がない、～するには及ばない
bùchéng	不成	だめだ
búcuò	不错	良い、すばらしい、悪くない
bùdéliǎo	不得了	～でたまらない、～でたいへんだ

bù hǎoyìsi	不好意思	申し訳ない、すみません
bùnéng	不能	～してはいけない
bútài	不太	あまり～でない
bùxíng	不行	だめだ
búyào	不要	～してはいけない
búyòng	不用	～する必要がない、～するには及ばない
bù	布	布

C

cā	擦	拭く、こする
cābugānjìng	擦不干净	拭いてきれいにならない
cāi	猜	推測する、当てようとする
cái	才	ようやく、やっと
cài	菜	料理
càidān	菜单	メニュー
càipǔ	菜谱	メニュー
cānguān	参观	参観する、見学する
cānjiā	参加	参加する
cāntīng	餐厅	レストラン
cāochǎng	操场	運動場、グラウンド
cǎo	草	草
cǎoyuán	草原	草原
cèsuǒ	厕所	トイレ
céngjīng	曾经	かつて
chá	茶	お茶
cháyè	茶叶	茶葉
chá	查	調べる、調査する
cháfáng	查房	（チェックアウト時に）宿泊部屋を検査する
chà	差	①足りない、欠ける ②悪い、劣る、まずい
chàbuduō	差不多	大差ない、だいたい
chàdeduō	差得多	大変違う
cháng	长	長い
Chángchéng	长城	万里の長城
cháng	场	〔事の経過、自然現象などを数える〕
cháng	尝	味わう
chángcháng	常常	よく、しょっちゅう
chǎngsuǒ	场所	場所
chàng gē	唱歌	歌を歌う
chāoshì	超市	スーパーマーケット
cháo	朝	～に（向かって）
chǎofàn	炒饭	チャーハン
chē	车	（自転車・自動車・汽車・電車を含む）車
chēzhàn	车站	駅、バス停
Chén	陈	陳〔姓〕
chènshān	衬衫	シャツ、ブラウス
chéng	成	～にする、～となる
chénggōng	成功	成功する
chéngjì	成绩	成績
chéngshì	城市	都市、都会
chī	吃	食べる
chī yào	吃药	薬を飲む
chībudào	吃不到	食にありつけない
chībuliǎo	吃不了	（量が多くて）食べきれない
chīdedào	吃得到	（物があって）食べられる
chīdeliǎo	吃得了	食べきれる
chī//jīng	吃惊	びっくりする、驚く
chídào	迟到	遅刻する
chǒngwù	宠物	ペット
chōu	抽	引き出す、抜き出す
chōu yān	抽烟	タバコを吸う
chū	出	出る
chū//chāi	出差	出張する
chūfā	出发	出発する
chū//lái	出来	出てくる
chū//mén	出门	出かける
chū//qu	出去	出て行く
chūshēng	出生	生まれる

chúle	除了	～を除いて、～のほか	dàtīng	大厅	ロビー
chuān	穿	（服・靴・靴下などを）着る、はく	dàxué	大学	大学
			dàyī	大衣	オーバー、コート
chuán	船	船	dài	带	①携帯する、持つ ②連れて行く
chuānghu	窗户	窓	dài	戴	（メガネを）かける、（帽子を）かぶる、身につける
chuáng	床	ベッド			
Chūnjié	春节	春節			
chūntiān	春天	春	dàibiǎotuán	代表团	代表団
cídiǎn	词典	辞書	dāncí	单词	単語
cì	次	〔回数を数える〕回、度	dānrénjiān	单人间	シングルルーム
			dān//xīn	担心	心配する、気にかける
cóng	从	〔時間、場所を導く〕～から	dànshì	但是	しかし
cónglái	从来	今まで	dàngāo	蛋糕	ケーキ
cuò	错	間違っている、正確でない	dāng	当	担当する、～になる
			dāngrán	当然	もちろん、当然
cuò	―错	動作の結果、間違う	dāo	刀	ナイフ
			dǎoyóu	导游	観光ガイド／観光案内する
D			dào	到	①（場所を表す目的語をとって）行く、来る ②～まで、～へ・に〔到達する地点や時間を表す〕 ③到達する、達する、到着する、着く
dǎ	打	（ある動作を）する
dǎ diànhuà	打电话	電話をかける
dǎ shǒujī	打手机	携帯電話をかける
dǎ wǎngqiú	打网球	テニスをする
dǎ lánqiú	打篮球	バスケットボールをする
dǎ diànnǎo	打电脑	パソコンを打つ			
dǎ bàngqiú	打棒球	野球をする	dào	―到	〔動作の結果や目的の達成を表す〕
dǎ//gōng	打工	アルバイトをする			
dǎjiǎo	打搅	邪魔をする	dàoqiàn	道歉	謝る
dǎrǎo	打扰	邪魔をする	Déyǔ	德语	ドイツ語
dǎsǎo	打扫	掃除する	de	的	〔名詞を修飾する〕～の
dǎsuàn	打算	～するつもりだ、～する予定である			
			de	得	〔様態補語を導く〕
dǎ//zhé(kòu)	打折（扣）	割引する	de	地	〔動詞・形容詞の修飾語を作る〕
dà	大	大きい／年上である			
Dàbǎn	大阪	大阪	děi	得	①～しなければならない ②きっと～になる、きっと～だ
dàjiā	大家	みんな、みなさん
dàlóu	大楼	建物
dàshuǎimài	大甩卖	バーゲンシーズン	dēngjìbiǎo	登记表	登録表

165

拼音	漢字	意味
děng	等	待つ
děng	～等	～など
dī	低	（高さ、水準、等級が）低い
Dísīní lèyuán	迪斯尼乐园	ディズニーランド
dì	第	〔数詞に冠して順序を示す〕
dìdi	弟弟	弟
dìdao	地道	本物の、正真正銘の
dìfang	地方	場所
dìtiě	地铁	地下鉄
dìtú	地图	地図
dìzhǐ	地址	住所
diǎn	点	〔時間の単位〕～時
diǎn cài	点菜	注文する
diǎn//tóu	点头	うなずく
diǎnxin	点心	お菓子
diànchē	电车	電車
diànnǎo	电脑	パソコン
diànshì	电视	テレビ
diànshìjī	电视机	テレビ
diànshìjù	电视剧	テレビドラマ
diànyǐng	电影	映画
diànyǐngyuàn	电影院	映画館
diànzǐ cídiǎn	电子词典	電子辞書
diànzǐ yóuxì	电子游戏	電子ゲーム
dìng	订	予約する
diū	丢	なくす
dōngbian	东边	東、東側
Dōngjīng	东京	東京
Dōngjīngrén	东京人	東京出身
dōngmiàn	东面	東の方、東側
dōngxi	东西	もの
dōngtiān	冬天	冬
dǒng	懂	わかる
dǒng	一懂	動作の結果、わかる
dònghuàpiàn	动画片	アニメ
dōu	都	すべて、みな
dùzi	肚子	お腹
duǎn	短	短い
duì	对	①正しい、正常だ ②～に対して、～にとって ③〔2つで一組のものを数える〕
duìbuqǐ	对不起	申し訳ない
duìdeqǐ	对得起	申し訳が立つ、期待に背かない
duìmiàn	对面	向かい、向かい側、真正面
dūn	蹲	しゃがむ
dùn	顿	〔食事・叱責・忠告・罵倒などの回数を数える〕回、度
duō	多	①多い ②多く ③（数量詞の後ろにつけて）～余り
duō dà	多大	何歳／どのくらい大きい
duō gāo	多高	どのくらい高い
duō zhòng	多重	どのくらい重い
duō cháng shíjiān	多长时间	どれくらいの時間
duōshao	多少	〔10以上の数を問う〕いくつ
duōshao qián	多少钱	いくら
duǒ	朵	〔花や雲に似たものを数える〕

E

ěxin	恶心	吐き気を催す
è	饿	お腹がすく、飢える
érzi	儿子	息子

F

fā//shāo	发烧	熱が出る、発熱する
fāshēng	发生	発生する
fāyīn	发音	発音／発音する
Fǎguó	法国	フランス

Fǎyǔ	法语	フランス語		gānjìng	干净	清潔である、きれいである
fānyì	翻译	翻訳する		gānjìng	—干净	動作の結果、きれいになる
fàn	饭	食事、ご飯				
fàndiàn	饭店	ホテル、レストラン		gǎn xìngqù	感兴趣	興味がある
fànguǎnr	饭馆儿	レストラン		gǎndào	感到	～を感じる
fángjiān	房间	部屋		gǎndòng	感动	感動する
fáng(jiān)kǎ	房（间）卡	ルームキーカード		gǎnmào	感冒	風邪／風邪を引く
fàng	放	①休みになる ②置く		gǎnxiè	感谢	感謝する
				gàn	干	する、やる
fàng//jià	放假	休みになる		gāng	刚	～したばかりである、～して間もない
fēi	飞	飛ぶ				
fēijī	飞机	飛行機		gāngcái	刚才	先ほど、ついさっき
fēicháng	非常	非常に		gāngqín	钢琴	ピアノ
fēn	分	〔時間の単位〕～分		gāo	高	高い
fēn//shǒu	分手	別れる、関係を断つ		gāoxìng	高兴	うれしい、愉快である、楽しい
fēnzhōng	分钟	〔時間の単位〕～分間				
				gàosu	告诉	告げる、言う、教える
fēngfù	丰富	豊富である				
fūqī	夫妻	夫妻、夫婦		gē	歌	歌
fúwùyuán	服务员	従業員、ウェイター、ウェートレス		gēge	哥哥	お兄さん、兄
				gèzi	个子	背丈
fú	幅	〔絵画や布地を数える〕		ge	个	〔特定の量詞がない名詞を数えるのに用いる〕
fù	付	（金銭を）支払う、支出する				
				gěi	给	①～に、～のために ②（人に物を）与える、やる、くれる
fù	副	〔セットや組になっているものを数える〕				
				gěi	—给	〔動作の向かう相手を示す〕
fùmǔ	父母	両親				
fùqin	父亲	父親		gēn	跟	～と、～について
fùjìn	附近	付近、近所		gèng	更	さらに、いっそう
fùxí	复习	復習する		gōngzuò	工作	仕事／働く
fùzá	复杂	複雑である		gōngfēn	公分	センチメートル
				gōnggòng	公共	公共の
G				gōngjiāochē	公交车	バス
gāi	该	～すべきである		gōngjīn	公斤	キログラム
gǎitiān	改天	日を改めて		gōnglǐ	公里	キロメートル
gān//bēi	干杯	乾杯する		gōngsī	公司	会社
				gōngyuán	公园	公園

gōngkè	功课	宿題、勉強		hǎokàn	好看	（映画・芝居などが）おもしろい、見る価値がある
gǒu	狗	犬				
guà	挂	掛ける、引っかける、つるす		hǎotīng	好听	（音が）耳に心地よい
guǎi	拐	曲がる		hǎoxiàng	好像	ちょうど～のようである
guān	关	閉じる、閉める				
guāng	一光	動産の結果、何もなくなる		hào	号	～日
				hàomǎ	号码	番号
guānglín	光临	ご光臨、ご来訪		hàokè	好客	客好きである
guàng	逛	ぶらぶら歩く		hē	喝	飲む
guàng//jiē	逛街	街をぶらぶらする		hēbuliǎo	喝不了	（量が多くて）飲みきれない
guīzé	规则	規則				
guì	贵	（値段が）高い		hēdeliǎo	喝得了	飲みきれる
guò	过	時間が経過する		hé	和	①～と… ②～と（…する）
guo	过	～したことがある〔経験〕				
				hé	河	川
				héfàn	盒饭	弁当
H				hēi	黑	暗い、黒い
hái	还	①まだ ②もっと、さらに		hēibǎn	黑板	黒板
				hēisè	黑色	黒色
háishi	还是	①それとも ②やはり		hěn	很	とても
				hóngchá	红茶	紅茶
háizi	孩子	子供		hóngsè	红色	赤色
Hánguó	韩国	韓国		hòubian	后边	後ろ、後ろの方、裏側
Hánguórén	韩国人	韓国人				
hánjià	寒假	冬休み		hòuhuǐ	后悔	後悔する
hànbǎobāo	汉堡包	ハンバーガー		hòumiàn	后面	後ろ、裏、後ろの方
Hànyǔ	汉语	中国語		hòunián	后年	再来年
Hànzì	汉字	漢字		hòutiān	后天	おととい
hǎo	好	よい、満足がいく、健康である		hú	壶	〔壺に入っている液体を数える〕本
hǎo	一好	動作の結果、満足できる、完全にやり終わる		hùzhào	护照	パスポート
				huā	花	花
				huá//bīng	滑冰	スケートをする／スケート
hǎochī	好吃	（食べ物が）おいしい				
hǎohāor	好好儿	しっかりと、ちゃんと		huá//xuě	滑雪	スキーをする／スキー
hǎohē	好喝	（飲み物が）おいしい		huà	话	ことば、事柄
hǎojiǔ	好久	長い間、長いこと		huàbào	画报	グラビア
				huàr	画儿	絵

huài	坏	①悪い、壊れている、腐っている ②壊れる	jìbuzhù	记不住	覚えられない
			jìdezhù	记得住	覚えられる
			jì	寄	郵送で送る
huài le	坏了	（動詞・形容詞の後ろにつけて）程度がはなはだしい	jiā	家	①〔家庭・商店・企業などを数える〕②家
huānyíng	欢迎	歓迎する	jiājù	家具	家具
huán shū	还书	本を返す	jiālirén	家里人	家族、家の人
huànchéng	换成	変える、～になる	jiàqián	价钱	値段
huàn//qián	换钱	両替する	jiǎndān	简单	簡単である、単純である
Huáng	黄	黄〔姓〕			
huángjīnzhōu	黄金周	ゴールデンウィーク	jiàn	见	会う
huī//shǒu	挥手	手を振る	jiàn//miàn	见面	会う、顔を合わせる
huí	回	①戻る、帰る ②〔回数を数える〕回、度	jiàn	件	〔事件・事柄・衣類（主として上着）などを数える〕
huí//guó	回国	帰国する			
huí//jiā	回家	家に帰る、帰宅する	jiànkāng	健康	健康である
huí//lái	回来	帰ってくる、戻ってくる	jiǎng	讲	話す、言う
			jiǎngbuqīngchu	讲不清楚	はっきり話せない
huì	会	①（練習・訓練によって身について）～できる ②～するのに長けている ③～するだろう	jiǎngdeqīngchu	讲得清楚	はっきり話せる
			jiāo	交	渡す、提出する
			jiāotán	交谈	言葉を交わす、話し合う
huǒchē	火车	汽車	jiāotōng	交通	交通
huǒzāi	火灾	火災	jiāo	教	教える
			jiǎozi	饺子	ギョウザ
J			jiào	叫	①（人・物を）～と呼ぶ ②～という名である ③～させる ④～に…される
jīchǎng	机场	空港			
jīpiào	机票	航空券			
jítā	吉他	ギター			
jí le	极了	とても、実に	jiàoshì	教室	教室
jíshǐ	即使	たとえ～でも	jié	节	〔授業のコマ数を数える〕
jí	急	焦る、慌てる			
jǐ	几	〔10以下の数を問う〕いくつ	jié//hūn	结婚	結婚する
			jiéshù	结束	終わる、終わらせる
jǐ diǎn	几点	何時	jié//zhàng	结帐	会計をする、決算する
jǐ hào	几号	何日			
jǐ yuè	几月	何月			
jì	记	覚える、記憶する	jiějie	姐姐	お姉さん、姉

jiěmèi	姐妹	姉と妹、姉妹	kāi	开	①開ける、開く
jièshào	介绍	紹介する			②運転する
jiè	借	借りる、貸す	kāi//chē	开车	車を運転する
jiè shū	借书	本を借りる	kāi//huì	开会	会議をする
jièzǒu	借走	借りて行く	kāi//mén	开门	戸・ドアを開ける
jiè yān	戒烟	禁煙する	kāishǐ	开始	始まる、始める
jīnnián	今年	今年	kāishuǐ	开水	お湯
jīntiān	今天	今日	kāi//xué	开学	学校が始まる
jīnyú	金鱼	金魚	kāiyǎn	开演	開演する
jǐnzhāng	紧张	緊張する	kāizǒu	开走	（運転して）乗って行く
jìn	进	入る			
jìn	近	近い	kàn	看	①見る、読む
Jīngdū	京都	京都			②（人を）訪問する、見舞う、面会する
Jīngdūrén	京都人	京都出身			
jīngjù	京剧	京劇	kànbudào	看不到	見あたらない
jīngcháng	经常	よく、しょっちゅう	kànbudǒng	看不懂	（見て・読んで）わからない
jīnglǐ	经理	経営者、支配人、マネージャー	kànbuqǐ	看不起	軽蔑する、見下す
			kànbuqīngchu	看不清楚	見てはっきりわからない
jiǔ	久	（時間が）長い、久しい			
jiǔ	酒	酒	kàndedǒng	看得懂	（見て・読んで）わかる
jiǔshuǐ	酒水	飲み物			
jiù	旧	古い	kàndeqǐ	看得起	一目おく、尊敬する
jiù	就	①（～すると）すぐ	kàn yàngzi	看样子	見たところ～のようだ
		②〔条件・因果などの結論を示す〕～ならば、…だ	kǎolǜ	考虑	考える、考慮する
			kǎoshàng	考上	試験に合格する
jiùyào	就要	まもなく、いますぐ	kǎoshì	考试	試験／試験する
jù	句	〔ことばや詩文の区切りを数える〕	kǎotí	考题	試験問題
			kǎoyā	烤鸭	ローストダック、アヒルの丸焼き
juéde	觉得	～と感じる、～と思う	kē	棵	〔草木・野菜などを数える〕

K

kāfēi	咖啡	コーヒー	késou	咳嗽	咳をする
kāfēitīng	咖啡厅	コーヒーショップ	kě'ài	可爱	かわいい、愛らしい
kāfēiguǎn	咖啡馆	喫茶店、コーヒーショップ	kělè	可乐	コーラ
kǎlāOK	卡拉OK	カラオケ	kěshì	可是	しかし

kěyǐ	可以	①よい ②(許可されたり・条件が整っていて)できる	láibují	来不及	間に合わない
			láidejí	来得及	間に合う
			lánqiú	篮球	バスケットボール
kèqi	客气	遠慮する	láojià	劳驾	すみませんが、恐れ入りますが
kèren	客人	客			
kè	课	①授業 ②(教科書の)課	lǎo	老	年を取っている
			lǎojiā	老家	田舎、故郷
kèběn	课本	テキスト、教科書	lǎoshī	老师	教師、〔教師に対する尊称〕先生
kèwén	课文	テキストの本文			
kōngtiáo	空调	エアコン	lǎolao	姥姥	(母方の)おばあさん、祖母
kòngr	空儿	暇			
kǒu	口	〔家族の人数を数える〕	lǎoye	姥爷	(母方の)おじいさん、祖父
kū	哭	泣く	le	了	①〔動詞・形容詞の後ろにおいて動作や状態の実現・完了を表す〕 ②〔文末において事態の変化を表す〕
kuài	块	①〔口語で使う中国の貨幣単位〕元 ②〔かたまり状のものを数える〕			
kuài	快	①(速度が)速い ②("快…了"で)ほどなく、間もなく、もうすぐ	lèi	累	疲れる
			lèi	—累	動作の結果、疲れる
			lěng	冷	寒い、冷たい
kuàicāndiàn	快餐店	ファーストフード店	lěngpán	冷盘	オードブル
kuàizi	筷子	箸	Lǐ	李	李〔姓〕
kuān	宽	幅が広い、範囲が広い	lí	离	～から、～まで
			lǐwù	礼物	プレゼント、贈り物
kuǎn	款	(デザインの)種類、タイプ	li	～里	～の中
			lǐbian	里边	(場所・時間・範囲などの)中
kuǎndài	款待	ねんごろにもてなす			
kuǎnshì	款式	スタイル	lǐmiàn	里面	中、内
kuàngquánshuǐ	矿泉水	ミネラルウォーター	liǎnsè	脸色	顔色
kùzi	裤子	ズボン	liángcài	凉菜	冷たい料理、前菜
kùn	困	眠い	liángkuai	凉快	涼しい
			liànxí	练习	練習する
L			liǎng	两	①2、2つ ②〔重さの単位〕両、50グラム
lā dùzi	拉肚子	お腹をこわす			
là	辣	ぴりっと辛い			
lái	来	①来る ②(人を促して)さあ ③注文する	liàng	辆	〔車輪のついた車を数える〕台
			liáo//tiānr	聊天儿	おしゃべりする

liǎobudé	了不得	〜でたまらない、〜でたいへんだ		māo	猫	ネコ
línyù	淋浴	シャワー		máoyī	毛衣	セーター
Língmù	铃木	鈴木〔姓〕		màozi	帽子	帽子
línghuāqián	零花钱	小遣い		méi	没	①所有・存在を表す"有"の否定 ②〜しなかった、〜したことがない、〜していない
língshí	零食	おやつ、間食				
Liú	刘	劉〔姓〕				
liú//xué	留学	留学する				
liúxuéshēng	留学生	留学生		méi yìsi	没意思	おもしろくない
liú	流	流す		měi	每	毎〜、〜ごとに
liúlì	流利	流ちょうである		měitiān	每天	毎日
lóushàng	楼上	階上		Měiguó	美国	アメリカ
lù	路	道		měiyuán	美元	アメリカドル
lùkǒu	路口	道路の交差する場所、角		mèimei	妹妹	妹
				mén	门	ドア、戸
lǚxíng	旅行	旅行する		ménkǒu	门口	出入り口
luòhòu	落后	遅れをとる、落後する		mǐ	米	メートル
				miànbāo	面包	パン
				míngdān	名单	名簿
M				míngpiàn	名片	名刺
māma	妈妈	お母さん、母		míngshèng gǔjì	名胜古迹	名所旧跡
máfan	麻烦	面倒である、煩わしい、面倒をかける				
				míngzi	名字	名前
mǎshàng	马上	すぐ、直ちに		míngnián	明年	来年
ma	吗	〜か		míngtiān	明天	明日
mǎi	买	買う		mó	磨	こする、なでる
mǎi dōngxi	买东西	買い物をする				
mǎibudào	买不到	買えない、手に入らない		**N**		
				ná	拿	（手に）取る、持つ、手にする
mǎibuqǐ	买不起	（お金がなくて）買えない		názǒu	拿走	持って行く
				nǎ	哪	どの
mǎidān	买单	勘定を支払う、会計する		nǎge	哪个	どれ、どの
				nǎli	哪里	どこ
mǎideqǐ	买得起	（値段が適当で、お金があって）買える		nǎr	哪儿	どこ
				nà	那	①それ、あれ ②それでは、それなら
mài	卖	売る				
màn	慢	（速度が）遅い				
mànmānr	慢慢儿	ゆっくりと		nàge	那个	それ、あれ
mànzǒu	慢走	どうぞお気をつけて		nàli	那里	そこ、あそこ
máng	忙	忙しい		nàme	那么	あんなに、そんなに

nàr	那儿	そこ、あそこ		**P**		
nàyàng	那样	あんな、そんな		pá	爬	（山や階段などを）登る
nǎinai	奶奶	（父方の）おばあさん、祖母		pà	怕	恐れる、怖がる
nánnǚ	男女	男女		pāi	拍	たたく、はたく、打つ
nánpéngyou	男朋友	ボーイフレンド、彼氏		pāi//zhào	拍照	写真を撮る
				pài	派	（人を）派遣する
nánbian	南边	南、南側		pángbiān	旁边	そば、脇、横
nánmiàn	南面	南の方、南側		pàng	胖	太っている
nán	难	難しい		pǎo	跑	走る
nánchī	难吃	おいしくない、まずい		péngyou	朋友	友達、友人
				pīpíng	批评	批判する、叱る、意見する
nánguò	难过	つらい、悲しい、苦しい		píjiǔ	啤酒	ビール
ne	呢	〔ある状態にあることを強調する助詞〕		piányi	便宜	安い
				piàn	片	〔平たく薄いもの、面積が広いものを数える〕
nèiróng	内容	内容				
néng	能	（能力・条件が整っていて）できる		piào	票	切符
nǐ	你	あなた		piàoliang	漂亮	美しい、きれいである
nǐmen	你们	あなたたち				
nián	年	年		píng	瓶	〔瓶入りのものを数える〕瓶、本
niánlíng	年龄	年齢				
niánqīng	年轻	若い		píngguǒ	苹果	リンゴ
niàn	念	音読する、朗読する、学校で学ぶ		pūkè	扑克	トランプ
				pǔtōnghuà	普通话	共通語、現代中国語の標準語
niǎo	鸟	鳥				
nín	您	あなた〔尊称〕		**Q**		
niúnǎi	牛奶	牛乳				
niúzǎikù	牛仔裤	ジーンズ		qí	骑	（自転車・バイク・馬に）乗る
nòngdiū	弄丢	なくす				
nònghuài	弄坏	いじって壊す、だめにしてしまう		qízǒu	骑走	乗って行く
				qǐ	起	〔下から上に向かう動作姿勢を表す〕
nòngzāng	弄脏	汚す、汚してしまう				
nǔlì	努力	努力する、勤勉である		qǐbulái	起不来	起きられない
				qǐ//chuáng	起床	起きる
nǚpéngyou	女朋友	ガールフレンド、彼女		qǐdelái	起得来	起きられる
				qǐfēi	起飞	飛び立つ
nǚshì	女士	女性		qì	气	怒る、腹が立つ
nuǎnhuo	暖和	暖かい		qìhòu	气候	気候

qìwēn	气温	気温
qìchē	汽车	車
qiānwàn	千万	絶対に、決して
qiānbǐ	铅笔	鉛筆
qiān//zì	签字	サインする
qiánbian	前边	前、前の方
qiánmiàn	前面	前、前方
qiánnián	前年	一昨年
qiántiān	前天	おととい
qián	钱	お金
qiánbāo	钱包	財布
qiáng	墙	壁
qiāo mén	敲门	戸・ドアをたたく、ノックする
qiáo	桥	橋
qīngjiāo ròu sī	青椒肉丝	チンジャオロウスー
qīng	轻	軽い
qīngchu	清楚	はっきりしている
qīngchu	一清楚	動作の結果、はっきりする
qǐng	请	①どうぞ（〜してください）②頼む ③ごちそうする
qǐng//jià	请假	休みをとる、休暇をもらう
qǐngwèn	请问	お尋ねします
qiūtiān	秋天	秋
qiú	求	頼む
qǔdé	取得	獲得する、手に入れる
qù	去	行く
qùnián	去年	去年
qùshì	去世	亡くなる、世を去る
quàn	劝	勧める、（ことばで）勧告する
qúnzi	裙子	スカート

R

ràng	让	①〜させる ②〜に…される
rè	热	暑い、熱い
rècài	热菜	暖かい料理
règǒu	热狗	ホットドック
rèqíng	热情	親切である
rèshuǐ	热水	お湯
rén	人	人
rénkǒu	人口	人口
rénmínbì	人民币	人民元
rèncuò	认错	見間違える、誤認する
rènshi	认识	知っている
rènzhēn	认真	まじめである
Rìběn	日本	日本
Rìběnrén	日本人	日本人
rìchéng	日程	日程、スケジュール
rìjì	日记	日記
Rìyǔ	日语	日本語
rìyuán	日元	日本円
róngyì	容易	容易である、たやすい
ròu	肉	肉
rúguǒ	如果	もしも、もしも〜ならば

S

sān kè	三刻	45分
sǎn	伞	傘
sàn//bù	散步	散歩する
sǎngzi	嗓子	のど
shāfā	沙发	ソファー
shān	山	山
shāndǐng	山顶	山頂
shàng	上	行く、向かう、赴く
shang	〜上	〜の上
shàng (ge) xīngqī	上（个）星期	先週
shàng (ge) yuè	上（个）月	先月

ピンイン	中文	日本語
shàng//bān	上班	出勤する、仕事をする、仕事が始まる
shàngbian	上边	上、上の方
shàngcì	上次	前回
Shànghǎi	上海	上海
Shànghǎihuà	上海话	上海語
shàng//kè	上课	授業に出る、授業をする
shàngmiàn	上面	上、上方、上部
shàng//wǎng	上网	インターネットに接続する、インターネットを利用する
shàngwǔ	上午	午前
shāngchǎng	商场	マーケット、市場
shāngdiàn	商店	商店
shāngliang	商量	相談する
shǎo	少	①少ない ②不足する、欠ける
shào	少	年少である、若い
shéi	谁	誰
shēnfènzhèng	身份证	身分証明書
shēntǐ	身体	体、身体
shēnshēn	深深	深く、心ゆくまで
shénme	什么	なに、どんな
shénmede	什么的	〜など
shénme shíhou	什么时候	いつ
shénmeyàng	什么样	どのような
shēngcí	生词	新出単語
shēnghuó	生活	生活する、暮らす
shēng//qì	生气	腹が立つ、怒る
shēngrì	生日	誕生日
shēng//xiù	生锈	さびが出る
shēngyúpiàn	生鱼片	刺身
shēngyīn	声音	（人や動物の）声、物音
Shèngdàn Jié	圣诞节	クリスマス
shī	诗	詩
shīfu	师傅	〔師匠・特殊な技能を持つ人に対する尊称〕
shīmǔ	师母	先生の奥さん
shí	时	〜のとき、〜するとき
shíhou	时候	とき
shíjiān	时间	時間
shítáng	食堂	食堂
shítou	石头	石
shízì lùkǒu	十字路口	交差点
shízài	实在	ほんとうに
shǐ	使	〜させる
shì	试	試す、試みる
shì	是	〜です、である
shìjiè	世界	世界
shìlì	视力	視力
shì(r)	事（儿）	事、事柄
shìqing	事情	事、事柄
shōu	收	収める、しまう
shōushi	收拾	片づける
shōuxià	收下	（贈り物などを）受け取る、収める
shǒu	手	手
shǒubiǎo	手表	腕時計
shǒujī	手机	携帯電話
shǒujī hào	手机号	携帯電話の番号
shǒu	首	〔詩や歌を数える〕
shòubuliǎo	受不了	たまらない、耐えられない
shòudeliǎo	受得了	耐えきれる
shòu	瘦	痩せている
shū	书	本
shūbāo	书包	学生かばん
shūdiàn	书店	書店
shūshu	叔叔	おじさん
shūfu	舒服	体や心の調子が良い、気持ちが良い
shūcài	蔬菜	野菜
shǔjià	暑假	夏休み
shù	树	木
shùmǎ xiàngjī	数码相机	デジタルカメラ

175

shuā//kǎ	刷卡	カードで支払う		tào	套	〔組になっている事物を数える〕組、セット
shuāng	双	〔左右対称または対になっているものを数える〕		tèbié	特别	特に
shuāngrénjiān	双人间	ツインルーム		téng	疼	痛い
shuǐ	水	水		tī	踢	蹴る
shuǐguǒ	水果	果物		tiān	天	①1日 ②1日のうちのある時刻・時間
shuì	睡	眠る				
shuì//jiào	睡觉	眠る		Tiānjīnrén	天津人	天津出身
shuō	说	話す、言う		tiānqì	天气	天気
shuō//huà	说话	話す、おしゃべりする		tián	填	記入する
				tiáo	条	〔長い形のものを数える〕
sījī	司机	運転手				
sǐ	死	死ぬ		tiào	跳	跳び上がる
sǐ le	死了	(動詞・形容詞の後ろにつけて)程度がはなはだしい		tiào//wǔ	跳舞	踊る
				tiē	贴	貼る
				tīng	听	聞く、聴く
Sòng	宋	宋〔姓〕		tīngbudǒng	听不懂	聞いてわからない
sòng	送	①プレゼントする ②見送る		tīngbuqīngchu	听不清楚	聞いてはっきりわからない
suānnǎi	酸奶	ヨーグルト				
suīrán	虽然	〜ではあるけれども		tīngdedǒng	听得懂	聞いてわかる
suì	岁	〜歳		tīng//kè	听课	授業を受ける、聴講する
Sūn	孙	孙〔姓〕				
suǒyǐ	所以	したがって、だから		tíng	停	①駐車する ②停止する、止まる

T

				tíngdiàn	停电	停電する
tā	他	彼		tōngzhī	通知	通知する、知らせる
tā	她	彼女		tóngxué	同学	クラスメート、同級生
tāmen	他们	彼ら				
tāmen	她们	彼女たち		tōuzǒu	偷走	盗って行く
tái	台	〔機械を数える〕台		tóu	头	頭
tài	太	大変、極めて、ひどく		tóu yūn	头晕	めまいがする、頭がくらくらする
tàijíquán	太极拳	太極拳				
tán	弹	弾く		tóufa	头发	髪の毛
tāng	汤	スープ		tūrán	突然	突然
tǎng	躺	横になる		túshūguǎn	图书馆	図書館
tàng	趟	〔1往復する動作の回数を数える〕回		tuījiàn	推荐	推薦する、薦める
				tuǐ	腿	(ももの付け根から足首までの)足
tǎojià huánjià	讨价还价	値段交渉する				

tuì//fáng	退房	チェックアウトする		wèn//hǎo	问好	よろしく言う、ご機嫌をうかがう
tuō	托	託する、頼む				
tuō	脱	脱ぐ		wèntí	问题	質問、問題
tuōxié	拖鞋	スリッパ		wǒ	我	私
				wǒmen	我们	私たち
W				wūlóngchá	乌龙茶	ウーロン茶
wàibian	外边	外、外側、表面		wǔfàn	午饭	昼食、ランチ
wàiguórén	外国人	外国人		wùjià	物价	物価
wàimiàn	外面	外、表				
wàiyǔ	外语	外国語		**X**		
wán	一完	〜してしまう、〜し終わる		xībian	西边	西、西側
				xīfú	西服	洋服
wánquán	完全	全く、完全に		xīguā	西瓜	スイカ
wánr	玩儿	遊ぶ		xīguāzhī	西瓜汁	スイカジュース
wǎn	晚	(時間的に)遅い		xīmiàn	西面	西の方、西側
wǎnfàn	晚饭	夕食		xǐ	洗	洗う
wǎnshang	晚上	夜、晩		xǐ línyù	洗淋浴	シャワーを浴びる
wǎn	碗	〔碗・鉢に入っているものを数える〕		xǐbugānjìng	洗不干净	洗ってきれいにならない
Wáng	王	王〔姓〕		xǐdegānjìng	洗得干净	洗ってきれいになる
Wáng Míng	王明	王明〔人名〕		xǐshǒujiān	洗手间	トイレ
wǎng	往	〜のほうへ		xǐ//zǎo	洗澡	入浴する
wàng	忘	忘れる		xǐhuan	喜欢	好きだ、気に入る
wàngbuliǎo	忘不了	忘れられない		xì	戏	芝居
wàngdeliǎo	忘得了	忘れられる		xià	下	①下る ②〔動作の回数を数える〕
wǎng	网	インターネット				
wǎngqiú	网球	テニス		xia	〜下	〜の下
wēixiǎn	危险	危険である、危ない		xià//bān	下班	退社する
wēishìjì	威士忌	ウイスキー		xiàbian	下边	下、下の方
wèi	为	〜のために		xià (ge) xīngqī	下(个)星期	来週
wèi shénme	为什么	なぜ、どうして		xià (ge) yuè	下(个)月	来月
wèi	位	〔敬意を持って人を数える〕		xià//kè	下课	授業が終わる
				xiàmiàn	下面	下／次
wèir	味儿	におい、香り		xiàwǔ	下午	午後
wèidao	味道	味		xià yǔ	下雨	雨が降る
wèikǒu	胃口	食欲		xiàtiān	夏天	夏
wén	闻	(においを)嗅ぐ		xiān	先	まず、先に
wénzi	蚊子	蚊		xiànjīn	现金	現金
wèn	问	尋ねる、質問する		xiànzài	现在	いま、現在
				Xiānggǎng	香港	香港

pinyin	漢字	意味
xiāngxìn	相信	信じる、信用する
xiǎng	响	鳴る、音がする
xiǎng	想	①〜したい ②考える
xiǎngbudào	想不到	考えつかない、思いもよらない
xiǎngdedào	想得到	予想できる、考えつくことができる
xiǎngfǎ	想法	考え、考え方
xiàng	向	〜へ向かって、〜に
xiàngjī	相机	カメラ
xiàng	像	〜のようだ
xiāoxi	消息	ニュース、知らせ
xiǎo	小	小さい
Xiǎo-	小	(1文字の姓の前につけ、年下に対して)〜さん、〜くん
xiǎo gǒu	小狗	子犬
xiǎoshí	小时	〔時間の単位〕〜時間
xiǎoshíhòu	小时候	小さいとき、幼い頃
xiǎoshuō	小说	小説
xiǎotíqín	小提琴	バイオリン
xiǎotōu	小偷	泥棒
xiào	笑	笑う
xiē	些	("这／那／哪+些"の形で)これら(の)、あれら(の)、どれ
xié	鞋	靴
xiě	写	書く
xiè dùzi	泻肚子	お腹をこわす
xīnyì	心意	(他人に対する)気持ち
xīn	新	新しい
xìn	信	手紙
xìnyòngkǎ	信用卡	クレジットカード
xīngqī	星期	週、週間
xīngqī'èr	星期二	火曜日
xīngqī jǐ	星期几	何曜日
xīngqīliù	星期六	土曜日
xīngqīrì	星期日	日曜日
xīngqīsān	星期三	水曜日
xīngqīsì	星期四	木曜日
xīngqītiān	星期天	日曜日
xīngqīwǔ	星期五	金曜日
xīngqīyī	星期一	月曜日
xíng	行	よろしい、大丈夫だ
xíngli	行李	荷物
xiōngdì	兄弟	兄と弟、(男の)兄弟
xiū	修	修理する
xiūlǐ	修理	修理する
xiūxi	休息	休憩する、休む
xūyào	需要	必要とする
xuǎn	选	選ぶ
xué	学	学ぶ、習う、学習する
xuésheng	学生	学生
xuéxí	学习	学習する、勉強する
xuéxiào	学校	学校

Y

pinyin	漢字	意味
yājīn	押金	デポジット
yá	牙	歯
yáshuā	牙刷	歯ブラシ
yān	烟	タバコ
yángé	严格	厳格である、厳しい
yánsè	颜色	色
yǎnjìng	眼镜	メガネ
yǎnjing	眼睛	目
yǎnlèi	眼泪	涙
yǎnqián	眼前	目の前
yǎnchànghuì	演唱会	コンサート
yāo	腰	腰
yǎo	咬	咬む
yào	药	薬
yào	要	①いる、欲しい ②(時間・お金が)かかる ③〜したい ④("要…了"で)もうすぐ〜となる、〜しそうだ ⑤〜し

ピンイン	中文	日本語
		なければならない、〜する必要がある ⑥〜するだろう
yào//mìng	要命	程度がはなはだしいことを表す
yàosǐ	要死	ひどく〜である、〜でたまらない
yàoshi	钥匙	鍵
yéye	爷爷	(父方の)おじいさん、祖父
yě	也	〜も
yěxǔ	也许	もしかしたら〜かもしれない
yèzi	叶子	葉っぱ
yèli	夜里	夜
yìbān	一般	普通である、一般である
yìbiān	一边	〜しながら
yìdiǎnr	一点儿	①少し〜 ②ほんの少し ③("一点儿…也〜"で)少しも〜ない
yídìng	一定	きっと
yíhuìr	一会儿	ちょっとの間、しばらく
yí kè	一刻	15分
yí kèzhōng	一刻钟	15分間
yì mú yí yàng	一模一样	そっくりそのまま、瓜二つ
yìqǐ	一起	一緒に
yíxià	一下	(動詞の後ろに用いて)ちょっと(〜する、〜してみる)
yìxiē	一些	少し、わずか
yíyàng	一样	同じである
yìzhí	一直	まっすぐ／ずっと
yīfu	衣服	衣服、服
yīshēng	医生	医者
yīyuàn	医院	病院
yǐjīng	已经	すでに
yǐhòu	以后	〜の後、以後
yǐwài	以外	〜以外、〜の外
yǐzi	椅子	椅子
Yìdàlìcài	意大利菜	イタリア料理
yìjiàn	意见	意見、文句、不満
yīnwèi	因为	なぜなら
yīnyuè	音乐	音楽
yīnyuèhuì	音乐会	コンサート
yínháng	银行	銀行
yǐnliào	饮料	飲み物
yīnggāi	应该	〜すべきである
Yīngguó	英国	イギリス
Yīngyǔ	英语	英語
yǒngyuǎn	永远	永遠に
yòng	用	①〜で(…する) ②用いる、使う
yóujú	邮局	郵便局
yóupiào	邮票	切手
yóuxìjī	游戏机	ゲーム機
yóu//yǒng	游泳	泳ぐ／水泳
yǒuyì	友谊	友情、友好
yǒu	有	ある、いる、持っている
yǒu bèi wú huàn	有备无患	備えあれば憂いなし
yǒudiǎnr	有点儿	少し〔多くは好ましくない場合に用いる〕
yǒuyìsi	有意思	おもしろい
yòu	又	また
yòubian	右边	右、右側
yòumiàn	右面	右側
yú	鱼	魚
yǔ	雨	雨
yǔfǎ	语法	文法
yùdìng	预订	予約する
yuán	元	〔中国の貨幣単位〕元
yuánliàng	原谅	許す、勘弁する

yuǎn	远	遠い
yuànyì	愿意	〜したい
yuè	月	〜月
yuè~yuè...	越〜越…	〜であれば、ますます…である
yún	云	雲
yùndòng	运动	スポーツをする、運動する

Z

zázhì	杂志	雑誌
zài	在	①（〜が…に）ある、いる ②〔場所を導く〕〜で、〜に ③（"在"＋動詞で）〜している
zài	在	動作の結果、ある場所に落ち着く
zài	再	①もう一度 ②さらに、もっと
zàijiàn	再见	さようなら
zánmen	咱们	私たち〔話し手＋聞き手〕
zāng	脏	汚い
zǎo	早	（時間的に）早い
zǎocān	早餐	朝食
zǎofàn	早饭	朝食
zǎoshang	早上	朝
zěnme	怎么	どのように／なぜ
zěnmeyàng	怎么样	どうですか、いかがですか
zhǎi	窄	幅が狭い
zhàn	站	①駅 ②立つ
Zhāng	张	張〔姓〕
zhāng	张	〔平らなもの、広い面を持っているものを数える〕
zhǎng	长	成長する、育つ
zhǎngdà	长大	育つ、成長する
zhàngfu	丈夫	夫
zhāodài	招待	招待する
zháo//jí	着急	慌てる
zhǎo	找	①訪ねる、会う ②探す
zhàopiàn	照片	写真
zhào//xiàng	照相	写真を撮る
zhàoxiàngjī	照相机	カメラ
zhè	这	これ、それ
zhège	这个	これ、この（それ、その）
zhè (ge) xīngqī	这（个）星期	今週
zhè (ge) yuè	这（个）月	今月
zhèli	这里	ここ
zhème	这么	このように
zhèr	这儿	ここ
zhèxiē	这些	これら、それら
zhèyàng	这样	このように
zhe	着	（持続を表す）〜している、〜てある
zhēn	真	本当に
zhēnshì	真是	本当に、まったく
zhèng	正	〜しているところだ
zhèngzài	正在	ちょうど〜している、まさに〜の最中である
zhī	只	〔動物、対の一方を数える〕
zhī	枝	〔棒状のものや花のついた枝を数える〕
zhīdao	知道	知っている、わかる
zhīshi	知识	知識
zhíyuán	职员	職員、スタッフ
zhǐ	只	ただ〜だけ
zhǐhǎo	只好	やむなく、〜するほかない
zhǐyào	只要	〜でさえあれば、〜しさえすれば
zhǐyǒu	只有	〜してこそはじめて…だ、〜よりほかない

zhǐ	纸	紙	zìxíngchē	自行车	自転車
Zhōngguó	中国	中国	zǒng	总	いつも
Zhōngguócài	中国菜	中国料理	zǒu	走	歩く、(その場を離れる→) 行く、出かける
Zhōngguórén	中国人	中国人			
Zhōngtián	中田	中田〔姓〕			
Zhōngwén	中文	中国語	zúqiú	足球	サッカー
zhōngwǔ	中午	正午、昼	zuì	最	最も、一番
zhǒng	种	〔種類を数える〕	zuìjìn	最近	最近、近頃
zhòng	重	重い	zūnshǒu	遵守	(決まりや命令を) 従い守る
zhòngyào	重要	重要である、大切である			
			zuótiān	昨天	昨日
Zhōu Jiélún	周杰伦	ジェイ・チョウ〔人名〕	zuǒbian	左边	左、左側
			zuǒmiàn	左面	左側
zhōumò	周末	週末	Zuǒténg	佐藤	佐藤〔姓〕
zhǔshí	主食	主食	zuò	坐	(乗り物に) 乗る、座る
zhù	住	住む、(ホテルなどに) 滞在する			
			zuòbuxià	坐不下	座れる
zhù	―住	〔動作の結果、安定したり固定することを表す〕	zuòdexià	坐得下	座れる
			zuò	座	〔移動不可能などっしりしたものを数える〕
zhùsù	住宿	宿泊する			
zhuàngdǎo	撞倒	ぶつかって倒れる、ぶつかって倒す	zuòyè	作业	宿題
			zuò	做	作る、する、やる
zhuōzi	桌子	机、テーブル	zuò cài	做菜	料理を作る
zì	字	字	zuò jiāwù	做家务	家事をする
zìjǐ	自己	自己の、自分で			

著者紹介
紅粉芳惠（べにこ よしえ）
兵庫県生まれ。関西大学大学院外国語教育学研究科博士後期課程修了。博士（外国語教育学）。関西大学、神戸市外国語大学や一般企業などで広く中国語を教えた経験を生かし、2012年度より京都産業大学全学共通教育センター講師。
主要著書：
『キクタン中国語【初級編】』『キクタン中国語【初中級編】』『キクタン中国語【中級編】』（共著、アルク）
『中日同形語小辞典』（共著、白帝社）

史彤春（シー トンチュン）
中国黒龍江省生まれ。大阪市立大学文学部中国語中国文学専攻後期博士課程単位取得退学。現在、大阪市立大学など、複数の大学にて中国語非常勤講師を務める。

中国語表現とことんトレーニング

　　　　　　　　　　　　　　　　　2013年 7 月 5 日　印刷
　　　　　　　　　　　　　　　　　2013年 7 月30日　発行

　　　　　　　　　　著　者 Ⓒ　　紅　粉　芳　惠
　　　　　　　　　　　　　　　　史　　彤　　春
　　　　　　　　　　発行者　　　及　川　直　志
　　　　　　　　　　印刷所　　　倉敷印刷株式会社
　　　　　　　101-0052東京都千代田区神田小川町3の24
　　　　発行所　電話 03-3291-7811 (営業部), 7821 (編集部)　株式会社　白水社
　　　　　　　http://www.hakusuisha.co.jp
　　　　　　　　　乱丁・落丁本は、送料小社負担にてお取り替えいたします。

振替 00190-5-33228　　　　　　Printed in Japan　　　加瀬製本

ISBN978-4-560-08635-3

▷本書のスキャン、デジタル化等の無断複製は著作権法上での例外を除き禁じられています。本書を代行業者等の第三者に依頼してスキャンやデジタル化することはたとえ個人や家庭内での利用であっても著作権法上認められていません。

狙われやすいポイントを徹底分析！

中国語検定対策 3級問題集

伊藤祥雄［編著］

過去問を掲載し，解答を導くためのポイントをくわしく解説．文法を整理しながら練習問題で実戦力を身につけます．CD2枚でリスニング対策も万全．模擬試験・単語リスト付． ［2色刷］A5判 203頁【CD2枚付】

ステップアップの鍵は語彙力！

中検3級・2級をめざす 読んで覚える中国語単語

丸尾 誠，盧 建［著］

文章を読み，厳選された約1200の語句を文脈のなかで効率よく身につけます．重要語句には用例・解説付．試験対策はもちろん，一歩先をめざして語彙力をきたえたい人にも． 四六判 221頁【MP3 CD-ROM付】

基本語の中心にあるのは，どんなイメージ？

30語で中国語の語感を身につける！

永倉百合子［著］

"是" "就" "着" のように用法が多く，捉えにくい30語の働きをじっくり解説．それぞれの語感をつかめば中国語がもっとスッキリわかるようになります．一歩上をめざすあなたに！ 四六判 199頁